LOS VERBOS Y
SU CONJUGACIÓN

Paula Arenas Martín-Abril

ISBN: 84-9764-512-X
Depósito legal: M-20474-2006

Colección: Manuales de la lengua española
Título: Los verbos y su conjugación
Autora: Paula Arenas Martín-Abril
Diseño de cubierta: El Ojo del Huracán
Impreso en: Cofás

ÍNDICE

Capítulo I

El verbo

1. El verbo

El verbo es una palabra mediante la cual situamos la acción en el tiempo, que puede ser pasado, presente o futuro.

Presente: *Como* patatas todos los días.
Pasado: De pequeña *comía* patatas todos los días.
Futuro: Cuando sea mayor *comeré* patatas todos los días.

En los ejemplos, la acción, que es comer patatas, se sitúa en el tiempo gracias al verbo (en negrita). En el primer caso el tiempo es presente, en el segundo es pasado y en el tercero, futuro.

Con el verbo, además de situar la acción en el tiempo, se sabe la actitud del hablante y la objetividad o subjetividad del hecho expresado. Esta información dada por el verbo recibe el nombre de modo, y son tres: indicativo, subjuntivo e imperativo.

Expresamos también mediante el verbo la persona que realiza o sobre la que recae la acción, representada mediante los pronombres personales yo, tú, él, nosotros, vosotros y ellos.

1.ª persona singular: *yo*
2.ª persona singular: *tú*
3.ª persona singular: *él*
1.ª persona plural: *nosotros*
2.ª persona plural: *vosotros*
3.ª persona plural: *ellos*

Cualquiera de estas personas puede reconocerse por la terminación del verbo.

Como todos los días en casa de Juana.
Comes todos los días en casa de Juana.
Come todos los días en casa de Juana.
Comemos todos los días en casa de Juana.
Coméis todos los días en casa de Juana.
Comen todos los días en casa de Juana.

No ha hecho falta en ninguno de los ejemplos escribir la persona que come porque la reconocemos gracias a la terminación del verbo. Esto no sucede en todos los casos ya que en algunos puede confundirse la 1.ª persona con la 3.ª persona del singular, mas sólo en tales casos se especificará la persona que realiza o sobre la que recae la acción.

2. Forma del verbo

El verbo está formado por:
raíz o lexema + morfemas / desinencias / terminaciones

raíz	morfemas / terminaciones / desinencias
cant-	*-o*

En el ejemplo, vemos que el verbo cantar está formado por la raíz: *cant-* y por un solo morfema: *-o*.

La raíz es la parte que no varía y la que porta el significado. Por ejemplo, en el verbo cantar hay una parte del verbo que no varía: ésa es la raíz (*cant-*). En los siguientes ejemplos el verbo cantar está conjugado en distintos tiempos, y hay una parte que nunca varía: es la raíz *cant-*.

presente	*pretérito imperfecto*	*futuro*	*pretérito perfecto*
cant-o	cant-aba	cant-aré	cant-é
cant-as	cant-abas	cant-arás	cant-aste
cant-a	cant-aba	cant-ará	cant-ó
cant-amos	cant-ábamos	cant-aremos	cant-amos
cant-áis	cant-abais	cant-aréis	cant-asteis
cant-an	cant-aban	cant-arán	cant-aron

El resto de los elementos que componen el verbo, es decir, lo que no es la raíz, son los denominados morfemas, desinencias o terminaciones. Estas terminaciones expresan: persona, número, tiempo, modo, aspecto y conjugación.

3. El tiempo verbal

Mediante el tiempo verbal situamos la acción expresada en la oración en un momento temporal, esto es, ubicamos lo expresado en el tiempo, que puede ser pasado, presente o futuro.

Los tiempos que puede expresar el verbo se dividen en tres grandes grupos, dentro de los cuales hay varios subgrupos. Dichos tiempos son:

Pasado o anterior:
Viví durante muchos años en Córdoba.
Expresa un momento anterior al presente desde el que se enuncia la oración; por tanto, lo enunciado pertenece al pasado, y el verbo está en pretérito.

Presente o simultáneo:
Estudio en Granada.
La acción expresada en la oración sucede en el presente.

Futuro o posterior:
Este año aprobaré todas las asignaturas.
La acción sucederá en el futuro.

Dependiendo del tiempo que exprese el verbo, éste tendrá forma simple o compuesta:

Simple: cuando no lleva otro verbo auxiliar.
Canto, comió, saldrá, amaba, vendría...

Compuesta: cuando el tiempo verbal se forma:
a) Mediante el auxiliar 'haber' y el verbo en participio.
He cantado, habrás salido, hubiera estado, había bailado...
b) Mediante el auxiliar 'ser' conjugado y el verbo en participio; es la forma pasiva del verbo.
Soy amado, fuiste atracado, serás recompensado...

4. El aspecto

El aspecto nos dice si la acción expresada por el verbo está acabada o no. Son dos los aspectos y dependen de que la acción sea:

Perfectiva: la acción ha concluido.
Pedro durmió aquel día en un hotel de carretera.
La acción ha concluido, pues Pedro durmió sólo aquel día, es decir, lo expresado por el verbo termina en ese mismo día. Por lo tanto, el aspecto es perfectivo.

Imperfectiva: la acción no ha concluido.

Belén dormía mucho.

Es un pasado, el expresado por el verbo, que dura, que se extiende, donde no se expresa el término, el fin de la acción. Por lo tanto, el aspecto del verbo es imperfectivo.

Veamos ahora qué tiempos expresan aspecto perfectivo y qué tiempos expresan aspecto imperfectivo:

- Aspecto perfectivo: formas compuestas y pretérito perfecto simple de indicativo.
- Aspecto imperfectivo: el resto, es decir, todas las formas simples, salvo el pretérito perfecto simple de indicativo (comí, bebí, salí, fue...).

5. El modo

Dependiendo del modo del verbo la actitud del hablante será una u otra. Son tres los modos:

- Indicativo:
  Cuando el modo del verbo es indicativo los hechos expresados en la oración son objetivos, sin apreciaciones, juicios o pensamientos personales del hablante.
  Pepa bebe.
  Mirta regresó tarde a su casa.
  Hace calor.
  Hace sol.
  Son las tres en punto.

- Subjuntivo:
  Con este modo se expresa duda, deseo, temor... Son oraciones subjetivas.
  Acaso tú lo sepas, ¿no?
  Quizá venga mi madre con nosotros al teatro.
  Ojalá tengamos más suerte este año.
  ¡Si lo hubiera sabido entonces…!

- Imperativo:
  Expresa orden o mandato.
  ¡Sal de mi casa ya!
  ¡Dejad de fumar inmediatamente!
  ¡Cállate!

6. Formas personales y formas no personales

Las formas personales del verbo son las que responden a personas gramaticales, es decir a 1.ª, 2.ª y 3.ª del singular o plural. En resumen: las que se conjugan.

Son formas no personales las que no se conjugan: infinitivo, participio y gerundio.

Infinitivo: *amar, beber, vivir...*
Infinitivo compuesto: *haber amado, haber bebido, haber vivido...*
Participio: *amado, bebido, vivido...*
Gerundio: *amando, bebiendo, viviendo...*
Gerundio *compuesto: habiendo amado, habiendo bebido, habiendo vivido...*

7. La conjugación

El verbo se conjuga, y son tres las conjugaciones existentes, que dependen de la terminación del verbo:

1.ª conjugación: terminados en *-ar* (*amar, jugar, estar...*)
2.ª conjugación: terminados en *-er* (*beber, comer, saber...*)
3.ª conjugación: terminados en *-ir* (*ir, salir, vivir...*)

8. Cómo se conjugan los verbos

8.1. *Indicativo*

8.1.1. *Formas simples*

Las terminaciones o desinencias de la conjugación regular son siempre las que se detallan en el cuadro de la página siguiente:

| | 1.ª conj. | 2.ª conj. | 3.ª conj. | 1.ª conj. | 2.ª conj. | 3.ª conj. |

Presente			*Pretérito perfecto simple/* *Pretérito indefinido*		
-o	-o	-o	-é	-í	-í
-as	-es	-es	-aste	-iste	-iste
-a	-e	-e	-ó	-ió	-ió
-amos	-emos	-imos	-amos	-imos	-imos
-áis	-éis	-ís	-asteis	-isteis	-isteis
-an	-en	-en	-aron	-ieron	-ieron

Pretérito imperfecto			*Futuro simple*		
-aba	-ía	-ía	-aré	-eré	-iré
-abas	-ías	-ías	-arás	-erás	-irás
-aba	-ía	-ía	-ará	-erá	-irá
-ábamos	-íamos	-íamos	-aremos	-eremos	-iremos
-abais	-íais	-íais	-aréis	-eréis	-iréis
-aban	-ían	-ían	-arán	-erán	-irán

Condicional simple		
-aría	-ería	-iría
-arías	-erías	-irías
-aría	-ería	-iría
-aríamos	-eríamos	-iríamos
-aríais	-eríais	-iríais
-arían	-erían	-irían

A continuación, en la tabla de la página siguiente se presentan tres verbos, uno de cada conjugación, para que el lector pueda comprobar cómo las terminaciones arriba expuestas se añaden a la raíz.

1.ª Conjugación	2.ª Conjugación	3.ª Conjugación
amar	*beber*	*vivir*

Presente

(yo) am-o	beb-o	viv-o
(tú) am-as	beb-es	viv-es
(él) am-a	beb-e	viv-e
(nosotros) am-amos	beb-emos	viv-imos
(vosotros) am-áis	beb-éis	viv-ís
(ellos) am-an	beb-en	viv-en

Pretérito perfecto simple/indefinido

(yo) am-é	beb-í	viv-í
(tú) am-aste	beb-iste	viv-iste
(él) ama-ó	beb-ió	viv-ió
(nosotros) am-amos	beb-imos	viv-imos
(vosotros) am-asteis	beb-isteis	viv-isteis
(ellos) am-aron	beb-ieron	viv-ieron

Pretérito imperfecto

(yo) am-aba	beb-ía	viv-ía
(tú) am-abas	beb-ías	viv-ías
(él) ama-aba	beb-ía	viv-ía
(nosotros) am-ábamos	beb-íamos	viv-íamos
(vosotros) am-abais	beb-íais	viv-íais
(ellos) am-aban	beb-ían	viv-ían

Futuro simple

(yo) am-aré	beb-eré	viv-iré
(tú) am-arás	beb-erás	viv-irás
(él) ama-ará	beb-erá	viv-irá
(nosotros) am-aremos	beb-eremos	viv-iremos
(vosotros) am-aréis	beb-eréis	viv-iréis
(ellos) am-arán	beb-erán	viv-irán

Condicional simple

(yo) am-aría	beb-ería	viv-iría
(tú) am-arías	beb-erías	viv-irías
(él) am-aría	beb-ería	viv-iría
(nosotros) am-aríamos	beb-eríamos	viv-iríamos
(vosotros) am-aríais	beb-eríais	viv-iríais
(ellos) am-arían	beb-erían	viv-irían

Si conjugamos cualquier otro verbo regular, observaremos cómo el esquema que sigue es siempre el mismo.

8.1.2. Formas compuestas

Las formas compuestas de la voz activa se forman con el auxiliar 'haber' conjugado y el verbo siempre en participio.

1.ª conjugación	*2.ª conjugación*	*3.ª conjugación*

Pretérito perfecto compuesto

he amado	he bebido	he vivido
has amado	has bebido	has vivido
ha amado	ha bebido	ha vivido
hemos amado	hemos bebido	hemos vivido
habéis amado	habéis bebido	habéis vivido
han amado	han bebido	han vivido

Pretérito pluscuamperfecto

había amado	habían bebido	había vivido
habías amado	habías bebido	habías vivido
había amado	había bebido	había vivido
habíamos amado	habíamos bebido	habíamos vivido
habíais amado	habíais bebido	habíais vivido
habían amado	habían bebido	habían vivido

Pretérito anterior

hube amado	hube bebido	hube vivido
hubiste amado	hubiste bebido	hubiste vivido
hubo amado	hubo bebido	hubo vivido
hubimos amado	hubimos bebido	hubimos vivido

| hubisteis amado | hubisteis bebido | hubisteis vivido |
| hubieron amado | hubieron bebido | hubieron vivido |

Pretérito pluscuamperfecto

había amado	había bebido	había vivido
habías amado	habías bebido	habías vivido
había amado	había bebido	había vivido
habíamos amado	habíamos bebido	habíamos vivido
habíais amado	habíais bebido	habíais vivido
habían amado	habían bebido	habían vivido

Futuro compuesto

habré amado	habré bebido	habré vivido
habrás amado	habrás bebido	habrás vivido
habrá amado	habrá bebido	habrá vivido
habremos amado	habremos bebido	habremos vivido
habréis amado	habréis bebido	habréis vivido
habrán amado	habrán bebido	habrán vivido

Condicional compuesto

habría amado	habría bebido	habría vivido
habrías amado	habrías bebido	habrías vivido
habría amado	habría bebido	habría vivido
habríamos amado	habríamos bebido	habríamos vivido
habríais amado	habríais bebido	habríais vivido
habrían amado	habrían bebido	habrían vivido

El auxiliar siempre es 'haber' y siempre se conjugará como en la tabla. Lo que varía, pues, en las formas compuestas del verbo es el verbo principal (el que no es auxiliar).

8.2. *Subjuntivo*

8.2.1. *Formas simples*

Las desinencias de las formas simples de subjuntivo correspondientes a la conjugación regular son:

1.ª conj.	2.ª conj.	3.ª conj.	1.ª conj.	2.ª conj.	3.ª conj.
Presente			**Pretérito imperfecto**		
-e	-a	-a	-ara/-ase	-iera/-iese	-iera/-iese
-es	-as	-as	-aras/-ases	-ieras/-ieses	-ieras/-ieses
-e	-a	-a	-ara/-ase	-iera/ -iese	-iera/ -iese
-emos	-amos	-amos	-áramos/ -ásemos	-iéramos/ -iésemos	-iéramos/ -iésemos
-éis	-áis	-áis	-arais/ -aseis	-ierais/ -ieseis	-ierais/ -ieseis
-en	-an	-an	-aran/-asen	-ieran/ -iesen	-ieran/ -iesen

Futuro simple

1.ª conj.	2.ª conj	3.ª conj.
-are	-iere	-iere
-ares	-ieres	-ieres
-are	-iere	-iere
-áremos	-iéremos	-iéremos
-areis	-iereis	-iereis
-aren	-ieren	-ieren

En la siguiente tabla están los verbos amar, beber y vivir conjugados, y el lector puede comprobar cómo se unen las desinencias a la raíz de dichos verbos:

1.ª conj.	2.ª conj.	3.ª conj.
Presente		
am-e	beb-a	viv-a
am-es	beb-as	viv-as
am-e	beb-a	viv-a
am-emos	beb-amos	viv-amos
am-éis	beb-áis	viv-áis
am-en	beb-an	viv-an

Pretérito imperfecto (presenta dos formas: amara/amase)

am-ara am-ase	beb-iera/beb-iese	viv-iera/viv-iese
am-aras/am-ases	beb-ieras/beb-ieses	viv-ieras/viv-ieses
am-ara/am-ase	beb-iera/beb-iese	viv-iera/viv-iese
am-áramos/am-ásemos	beb-iéramos/beb-iésemos	viv-iéramos/viv-iésemos
am-arais/am-aseis	beb-ierais/beb-ieseis	viv-ierais/viv-eseis
am-aran/am-asen	beb-ieran/beb-iesen	viv-ieran/viv-iesen

Futuro simple

am-are	beb-iere	viv-iere
am-ares	beb-ieres	viv-ieres
am-are	beb-iere	viv-iere
am-áremos	beb-iéremos	viv-iéremos
am-areis	beb-iereis	viv-iereis
am-aren	beb-ieren	viv-ieren

8.2.2. Formas compuestas

Igual que en el indicativo, las formas compuestas del subjuntivo se forman con el auxiliar 'haber' conjugado + participio del verbo de que se trate.

Pretérito perfecto compuesto

haya amado	haya bebido	haya vivido
hayas amado	hayas bebido	hayas vivido
haya amado	haya bebido	haya vivido
hayamos amado	hayamos bebido	hayamos vivido
hayáis amado	hayáis bebido	hayáis vivido
hayan amado	hayan bebido	hayan vivido

Pretérito pluscuamperfecto (presenta dos formas: hubiera/hubiese amado)

hubiera/hubiese amado	hubiera/hubiese bebido	hubiera/hubiese vivido
hubieras/hubieses amado	hubieras/hubieses bebido	hubieras/hubieses vivido
hubiera/hubiese amado	hubiera/hubiese bebido	hubiera/hubiese vivido
hubiéramos/hubiésemos amado	hubiéramos/hubiésemos bebido	hubiéramos/hubiésemos vivido
hubierais/hubieseis amado	hubierais/hubieseis bebido	hubierais/hubieseis vivido
hubieran/hubiesen amado	hubieran/hubiesen bebido	hubieran/hubiesen vivido

hubiere amado	hubiere bebido	hubiere vivido
hubieres amado	hubieres bebido	hubieres vivido
hubiere amado	hubiere bebido	hubiere vivido
hubiéremos amado	hubiéremos bebido	hubiéremos vivido
hubiereis amado	hubiereis bebido	hubiereis vivido
hubieren amado	hubieren bebido	hubieren vivido

8.3. *Imperativo*

Las terminaciones propias del modo imperativo son:

1.ª conj.	*2.ª conj.*	*3.ª conj.*
-a (tú)	-e (tú)	-e (tú)
-e (usted)	-a (usted)	-a (usted)
-ad (vosotros)	-ed (vosotros)	-id (vosotros)
-en (ustedes)	-an (ustedes)	-an (ustedes)
am-a (tú)	beb-e (tú)	viv-e (tú)
am-e (usted)	beb-a (usted)	viv-a (usted)
am-ad (vosotros)	beb-ed (vosotros)	viv-id (vosotros)
am-en (ustedes)	am-en (ustedes)	viv-an (ustedes)

Capítulo II

Verbos irregulares

1. Verbos irregulares

Verbos irregulares son los que no siguen el modelo de conjugación descrito en el capítulo anterior, que era el modelo de conjugación regular. Y no siguen dicho modelo porque ocurre algún cambio en ellos al conjugarlos que los diferencia de los verbos regulares.

Por ejemplo, del verbo 'contar' esperaríamos según la conjugación regular: yo *conto, y sin embargo lo correcto es: yo cuento. Cuando sucede esto hablamos de verbos irregulares.

2. Tipos de irregularidades

La irregularidad puede darse:
• En la raíz.
• En las terminaciones.
• En la raíz y en las terminaciones a la vez.

Las irregularidades siempre se dan en los mismos tiempos, por ello podemos establecer lo siguiente:
• *Irregularidades de presente:* se producen en el presente de indicativo, presente de subjuntivo e imperativo.
• *Irregularidades de pretérito:* se producen en el pretérito perfecto simple/indefinido, pretérito imperfecto de subjuntivo y futuro simple de subjuntivo.
• *Irregularidades de futuro:* se producen en el futuro simple de indicativo y condicional.

Las irregularidades que se dan en el verbo son: diptongación, cierre, cierre y diptongación, refuerzo, sustitución por consonante, verbos con pretérito fuerte, supresión de vocal, participio irregular, adición de y, y otros casos que no se ajustan a ninguno de los anteriores y que llamaremos casos especiales.

2.1. *Diptongación*

- La *e* cambia en *ie*: pienso, piensas... (verbo pensar, cuya *e* cambia en *ie*).
- La *i* cambia en *ie*: adquiero, adquieres... (verbo adquirir, cuya *i* cambia en *ie*).
- La *o* cambia en *ue*: vuelvo, vuelves... (verbo volver, cuya *o* cambia en *ue*).
- La *u* cambia en *ue*: juego, juegas... (verbo jugar).

2.2. *Cierre*

- La *e* se cierra en *i*: repito, repites... (verbo repetir, cuya *e* cambia en *i*).
- La *o* se cierra en *u*: durmamos, durmáis... (verbo dormir, cuya *o* cambia en *u*.
- La *a* se cierra en *e*: quepo, quepamos... (verbo caber).

2.3. *Cierre y diptongación*

- La *e* cierra en *i* en algunos tiempos y diptonga en *ie* en otros.
- Cierra en *i* en el pretérito perfecto de indicativo (sintió), en el imperfecto de subjuntivo (sintiera, sintiese) y en el futuro de subjuntivo.
- Diptonga en *ie* en los presentes (siento, sienta) y en el imperativo (siente).

2.4. *Refuerzo*

- Se interpone *z* entre raíz y terminación: crezca, crezca... (se añade una *z* entre la raíz y la terminación del verbo crecer).
- Se interpone una *g*: valgo, valgamos... (valer).
- Se interpone *y*: huyo, huyas... (huir).

2.5. *Sustitución por y*

- La consonante *y* sustituye a i: creyó... (verbo creer). En lugar de presentar la terminación *-ió* de pretérito perfecto, la *-i* de *-ió* cambia en *y*.

18

2.6. *Verbos con pretérito fuerte*

En el pretérito, algunos verbos presentan ciertas irregularidades. Es el caso, por ejemplo, de 'andar', cuyo pretérito perfecto de indicativo se forma así: anduviste, anduvo... Lo esperable según el modelo regular de conjugación era: *andé. Sin embargo, no ha sido así, pues se ha añadido *-uv-*: anduve, anduviste, anduvo... Esta irregularidad recibe el nombre de pretérito fuerte.

2.7. *Supresión de vocal*

Algunos verbos pierden la primera vocal de la terminación en el futuro: podré, podrás... (verbo 'poder' que pierde la *e*, pues lo regular sería *poderé). De estos verbos se dice que tienen futuro sincopado.

2.8. *Adición de y*

La terminación propia de primera persona del singular de presente de indicativo es *-o*, pero en algunos casos ('dar', 'ir') se añade a esta una *-y*: doy, voy...

Igual sucede en el verbo 'haber', sólo que la *y* se añade a la 3.ª persona, pues el verbo haber cuando no es auxiliar sólo puede conjugarse en 3.ª persona: hay.

2.9. *Participio irregular*

Algunos participios de la 2.ª y 3.ª conjugación en vez de añadir la terminación *-ido*, añaden la terminación *-to*: frito, abierto...

Otras veces añaden *-so*: impreso (imprimir tiene dos participios, y el otro sí es regular: imprimido).

Y en algunas ocasiones (muy pocas) añaden *-cho*: hecho...

2.10. *Casos especiales*

No hemos incluido algunas irregularidades en apartados anteriores por ser casos especiales que no se ajustan a los fenómenos de irregularidad descritos. Se dan en verbos como ser, haber, estar, ir, dar, decir,... Por ser verbos que se usan habitualmente debemos mostrar su conjugación irregular. Los veremos conjugados en el capítulo V, donde se conjugan todos los verbos irregulares.

3. La conjugación de los verbos irregulares

Diptongación	*e* en *ie, i* en *ie, o* en *ue, u* en *ue*
Cierre	*e* en *i, o* en *u, a* en *e*
Cierre y diptongación	*e* en *i* en unos casos, *y* en *ie* en otros
Refuerzo	interposición de *c, z, g, y* entre la raíz y las terminaciones
Sustitución	sustitución por *y*
Verbos con pretérito fuerte	*andar, caber, conducir, decir, estar, haber, hacer, poder, poner, querer, saber...*
Supresión de vocal	*poder, podré* (supresión de *e, *poderé*)
Adicion de *y*	*doy, voy*
Participio irregular	en *-to, -so, -cho*
Casos especiales	*ser, haber, estar, decir...*

3.1. *La diptongación*

La *e* diptonga en *ie*:

Pensar
La irregularidad se da en los siguientes tiempos verbales (lo que significa que los restantes tiempos verbales siguen la conjugación regular):
• Presente de indicativo: pienso, piensas, piensa, pensamos, pensáis, piensan.
• Presente de subjuntivo: piense, pienses, piense, pensemos, penséis, piensen.
• Imperativo: piensa, piense, pensad, piensen.
Se conjugan como 'pensar' (1.ª conjugación) los siguientes verbos de la 1.ª conjugación: acertar, cerrar, alentar, apretar, arrendar, calentar, cegar, comenzar, empezar, concertar, confesar, despertar, desterrar, enterrar, escarmentar, fregar, gobernar, helar, nevar, manifestar, merendar, negar, quebrar, segar, sembrar, sentar, temblar, tropezar.

Se conjugan como 'pensar', en cuanto a la irregularidad, los siguientes verbos de la 2.ª conjugación; las terminaciones varían, pero esa variación es propia de cada conjugación: tender, atender, defender, descender, encender, entender, extender.

Tender (verbo de la 2.ª conj. con diptongación de *e* en *ie*)
- Presente de indicativo: tiendo, tiendes, tiende, tendemos, tendéis, tienden.
- Presente de subjuntivo: tienda, tiendas, tienda, tendamos, tendáis, tiendan.
- Imperativo: tiende, tienda, tended, tiendan.

(Obsérvese que las irregularidades siempre se dan en los mismos tiempos y en las mismas personas: 1.ª, 2.ª y 3.ª del singular y 3.ª del plural.)

La *o* diptonga en *ue*:

Contar
- Presente de indicativo: cuento, cuentas, cuenta, contamos, contáis, cuentan.
- Presente de subjuntivo: cuente, cuentes, cuente, contemos, contéis, cuenten.
- Imperativo: cuenta, cuente, contad, cuenten.

Se conjugan como 'contar' los siguientes verbos de la 1.ª conjugación: acordar, almorzar, apostar, aprobar, avergonzar, colar, colgar, consolar, costar, encontrar, forzar, mostrar, poblar, probar, recordar, renovar, rodar, rogar, soltar, sonar, tostar, volar, volcar.

Se conjugan como 'contar' en cuanto a la irregularidad los siguientes verbos de la 2.ª conjugación, lo que implica que la terminación sea diferente pero no por irregularidad sino porque los verbos de la 2.ª conjugación presentan distinta terminación:

Volver: la irregularidad se produce al cambiar la *o* por *ue*.
- Presente de indicativo: vuelvo, vuelves, vuelve, volvemos, volvéis, vuelven.
- Presente de subjuntivo: vuelva, vuelvas, vuelva, volvamos, volváis, vuelvan.
- Imperativo: vuelve, vuelva, volved, vuelvan.

Se conjugan como volver: mover, oler, cocer, doler, morder, resolver, soler, torcer.

Error a evitar: *cuezco. Lo correcto es: cuezo.

La *i* diptonga en *ie*:

Adquirir
- Presente de indicativo: adquiero, adquieres, adquiere, adquirimos, adquirís, adquieren.
- Presente de subjuntivo: adquiera, adquieras, adquiera, adquiramos, adquiráis, adquieran.
- Imperativo: adquiere, adquiera, adquirid, adquieran.

La *u* diptonga en *ue*:

Jugar
- Presente de indicativo: juego, juegas, juega, jugamos, jugáis, juegan.
- Presente de subjuntivo: juegue, juegues, juegue, juguemos, juguéis, jueguen.
- Imperativo: juega, juegue, jugad, jueguen.

3.2. *Cierre*

La *e* cierra en *i*:

Repetir
- Presente de indicativo: repito, repites, repite, repetimos, repetís, repiten.
- Presente de subjuntivo: repita, repitas, repita, repitamos, repitáis, repitan.
- Imperativo: repite, repita, repetid, repitan.
- Pretérito perfecto simple de indicativo: repetí, repetiste, repitió, repetimos, repetisteis, repitieron.
- Pretérito imperfecto de subjuntivo: repitiera, repitieras, repitiera, repitiéramos, repitierais, repitieran; repitiese, repitieses, repitiese, repitiésemos, repitieseis, repitiesen.
- Futuro de subjuntivo: repitiere, repitieres, repitiere, repitiéremos, repitiereis, repitieren.
- Gerundio: repitiendo.
Se conjugan como 'repetir': colegir, competir, concebir, conseguir, desvestir, elegir, gemir, henchir, impedir, investir, medir, pedir, perseguir, proseguir, rendir, revestir, seguir, servir, vestir.

Freír
- Presente de indicativo: frío, fríes, fríe, freímos, freís, fríen.

- Presente de subjuntivo: fría, frías, fría, friamos, friáis, frían.
- Pretérito perfecto simple de indicativo: freí, freíste, frió, freímos, freísteis, frieron.
- Pretérito imperfecto subjuntivo: friera, frieras, friera, friéramos, frierais, frieran; friese, frieses, friese, friésemos, frieseis, friesen.
- Futuro de subjuntivo: friere, frieres, friere, friéremos, friereis, frieren.
- Imperativo: fríe, fría, freíd, frían.
- Gerundio: friendo.

Se conjuga como freír: reír.

3.3. *Cierre y diptongación*

La *e* cierra en *i* en algunos casos y diptonga en *ie* en otros:

Sentir
- Presente de indicativo: siento, sientes, siente, sentimos, sentís, sienten.
- Presente de subjuntivo: sienta, sientas, sienta, sintamos, sintáis, sientan.
- Pretérito perfecto simple de indicativo: sentí, sentiste, sintió, sentimos, sentisteis, sintieron.
- Pretérito imperfecto de subjuntivo: sintiera, sintieras, sintiera, sintiéramos, sintierais, sintieran; sintiese, sintieses, sintiese, sintiésemos, sintieseis, sintiesen.
- Futuro de subjuntivo: sintiere, sintieres, sintiere, sintiéremos, sintiereis, sintieren.
- Imperativo: siente, sienta, sentid, sientan.

Como acabamos de ver, la *e*:
- Cierra en *i* en el pretérito perfecto de indicativo, en el imperfecto de subjuntivo y en el futuro de subjuntivo.
- Diptonga en *ie* en los presentes y en el imperativo.

Se conjugan como 'sentir': adherir, advertir, convertir, desmentir, divertir, invertir, pervertir, preferir, referir, transferir, herir, mentir.

La *o* diptonga en *ue* o se cierra en *u*:

Morir
- Presente de indicativo: muero, mueres, muere, morimos, morís, mueren.

23

- Presente de subjuntivo: muera, mueras, muera, muramos, muráis, mueran.
- Pretérito perfecto simple de indicativo: morí, moriste, murió, morimos, morís, mueren.
- Pretérito imperfecto de subjuntivo: muriera, murieras, muriera, muriéramos, murierais, murieran; muriese, murieses, muriese, muriésemos, murieseis, muriesen.
- Futuro de subjuntivo: muriere, murieres, muriere, muriéremos, muriereis, murieren.
- Imperativo: muere, muera, morid, mueran.

Se conjuga como morir: dormir.

3.4. *Refuerzo*

Se interpone una *z*:

Aborrecer: todos los verbos terminados en *-ecer* (agradecer, padecer, parecer…) presentan la mismas irregularidad que aborrecer, consistente en la interposición de una *z*: aborrezco, agradezco, parezco, padezco.
- Presente de indicativo: aborrezco, aborreces, aborrece, aborrecemos, aborrecéis, aborrecen.
- Presente de subjuntivo: aborrezca, aborrezcas, aborrezca, aborrezcamos, aborrezcais, aborrezcan.
- Imperativo: aborrece, aborrezca, aborreced, aborrezcan.

Se conjugan como aborrecer, además de todos los terminados en *-ecer*: complacer, conocer, desconocer, deslucir, lucir, nacer, pacer, reconocer, renacer.

Se interpone z o *g*:

Yacer
El verbo 'yacer' merece conjugación aparte por presentar alternancia:
- Presente de indicativo: yazco/yazgo/yago, yaces, yace, yacemos, yacéis, yacen.
- Presente de subjuntivo:
  yazca/yazga/yaga/yazcamos/yazgamos/
  yazcas/yazgas/yagas/yazcáis/yazgáis/yagáis
  yazca/yazga/yaga/yazcan/yazgan/yagan

Se interpone *z* o *j*:

Conducir y todos los verbos terminados en *-ducir* (aducir, deducir, introducir...) presentan, además de la interposición de *z*, la de *j* en otros tiempos. Es decir que en unos se interpone *z* y en otros aparece *j* y se suprime la *c*.

* Presente de indicativo: conduzco, conduces, conduce, conducimos, conducís, conducen.
* Pretérito perfecto simple de indicativo: conduje, condujiste, condujo, condujimos, condujisteis, condujeron.
* Presente de subjuntivo: conduzca, conduzcas, conduzca, conduzcamos, conduzcáis, conduzcan.
* Pretérito imperfecto de subjuntivo: condujera/condujese, condujeras/condujeses, condujera/condujese, condujéramos/condujésemos, condujerais/condujeseis, condujeran/condujesen.
* Fututo de subjuntivo: condujere, condujeres, condujere, condujéremos, condujereis, condujeren.

Se interpone *g*:

Valer
* Presente de indicativo: valgo, vales, vale, valemos, valéis, valen.
* Presente de subjuntivo: valga, valgas, valga, valgamos, valgáis, valgan.
* Imperativo: vale, valga, valed, valgan.

Se interpone una *g* en estos otros verbos también: sobresalir, salir, tener, atener, contener, detener, entretener, mantener, obtener, retener, sostener, poner (y todos los que contengan 'poner', como posponer), venir (y todos los que contengan 'venir', como, por ejemplo, sobrevenir).

Se interpone *y*:

Huir
* Presente de indicativo: huyo, huyes, huye, huimos, huís, huyen.
* Presente de subjuntivo: huya, huyas, huya, huyamos, huya, huyáis, huyan.
* Imperativo: huye, huya, huid, huyan.

Sucede lo mismo en los verbos terminados en *-uir* (diluir, obstruir...).

3.5. *Sustitución por y*

Sucede en los pretéritos de los verbos acabados en *-uir* y en *-eer*:

Huir
- Pretérito perfecto simple de indicativo: huí, huiste, huyó, huimos, huisteis, huyeron.
- Pretérito imperfecto de subjuntivo: huyera, huyeras, huyera, huyéramos, huyerais, huyeran; huyese, huyeses, huyese, huyésemos, huyeseis, huyesen.
- Futuro de subjuntivo: huyere, huyeres, huyere, huyéremos, huyereis, huyeren.
- Gerundio: huyendo.

Como 'huir', además de los verbos terminados en *-uir,* se conjuga oír.

Creer
- Pretérito perfecto simple de indicativo: creí, creíste, creyó, creímos, creísteis, creyeron.
- Pretérito imperfecto de subjuntivo: creyera, creyeras, creyera, creyéramos, creyerais, creyeran; creyese, creyeses, creyese, creyésemos, creyeseis, creyesen.
- Futuro de subjuntivo: creyere, creyeres, creyere, creyéremos, creyereis, creyeren.
- Gerundio: creyendo.

Además de los verbos terminados en *-eer* se conjuga como 'creer' el verbo caer.

3.6. *Verbos con pretérito fuerte*

Andar
- Pretérito perfecto simple de indicativo: anduve, anduviste, anduvo, anduvimos, anduvisteis, anduvieron.
- Pretérito imperfecto de subjuntivo: anduviera, anduvieras, anduviera, anduviéramos, anduvierais, anduvieran; anduviese, anduvieses, anduviese, anduviésemos, anduvieseis, anduviesen.
- Futuro de subjuntivo: anduviere, anduvieres, anduviere, anduviéremos, anduviereis, anduvieren.

Caber

- Pretérito perfecto simple de indicativo: cupe, cupiste, cupo, cupimos, cupisteis, cupieron.
- Pretérito imperfecto de subjuntivo: cupiera, cupieras, cupiera, cupiéramos, cupierais, cupieran; cupiese, cupiese, cupiese, cupiésemos, cupieseis, cupiesen.
- Futuro de subjuntivo: cupiere, cupieres, cupiere, cupiéremos, cupiereis, cupieren.

Estar

- Pretérito perfecto simple de indicativo: estuve, estuviste, estuvo, estuvimos, estuvisteis, estuvieron.
- Pretérito imperfecto de subjuntivo: estuviera, estuvieras, estuviera, estuviéramos, estuvierais, estuvieran; estuviese, estuvieses, estuviese, estuviésemos, estuvieseis, estuviesen.
- Futuro de subjuntivo: estuviere, estuvieres, estuviere, estuviéremos, estuviereis, estuvieren.

Conducir

- Pretérito perfecto simple de indicativo: conduje, condujiste, condujo, condujimos, condujisteis, condujeron.
- Pretérito imperfecto de subjuntivo: condujera, condujeras, condujera, condujéramos, condujerais, condujeran; condujese, codujeses, condujese, condujésemos, condujeseis, condujesen.
- Futuro de subjuntivo: condujere, condujeres, condujere, condujéremos, condujereis, condujeren.

Decir

- Pretérito perfecto simple de indicativo: dije, dijiste, dijo, dijimos, dijisteis, dijeron.
- Pretérito imperfecto de subjuntivo: dijera, dijeras, dijera, dijéramos, dijerais, dijeran; dijese, dijeses, dijese, dijésemos, dijeseis, dijesen.
- Futuro de indicativo: dijere, dijeres, dijere, dijéremos, dijereis, dijeren.

Haber

- Pretérito perfecto simple de indicativo: hube, hubiste, hubo, hubimos, hubisteis, hubieron.
- Pretérito imperfecto de subjuntivo: hubiera, hubieras, hubiera, hubiéramos, hubierais, hubieran; hubiese, hubieses, hubiese, hubiésemos, hubieseis, hubiesen.

- Futuro de subjuntivo: hubiere, hubieres, hubiere, hubiéremos, hubiereis, hubieren.

Hacer
- Pretérito perfecto simple de indicativo: hice, hiciste, hizo, hicimos, hicisteis, hicieron.
- Pretérito imperfecto de subjuntivo: hiciera, hicieras, hiciera, hiciéramos, hicierais, hicieran; hiciese, hicieses, hiciese, hiciésemos, hicieseis, hiciesen.
- Futuro de subjuntivo: hiciere, hicieres, hiciere, hiciéremos, hiciereis, hicieren.

Poder
- Pretérito perfecto simple de indicativo: pude, pudiste, pudo, pudimos, pudisteis, pudieron.
- Pretérito imperfecto de subjuntivo: pudiera, pudieras, pudiera, pudiéramos, pudierais, pudieran; pudiese, pudieses, pudiese, pudiésemos, pudieseis, pudiesen.
- Futuro de subjuntivo: pudiere, pudieres, pudiere, pudiéremos, pudiereis, pudieren.

Poner
- Pretérito perfecto simple de indicativo: puse, pusiste, puso, pusimos, pusisteis, pusieron.
- Pretérito imperfecto de subjuntivo: pusiera, pusieras, pusiera, pusiéramos, pusierais, pusieran; pusiese, pusieses, pusiese, pusiésemos, pusieseis, pusiesen.
- Futuro de subjuntivo: pusiere, pusieres, pusiere, pusiéremos, pusiereis, pusieren.

Querer
- Pretérito perfecto simple de indicativo: quise, quisiste, quiso, quisimos, quisisteis, quisieron.
- Pretérito imperfecto de subjuntivo: quisiera, quisieras, quisiera, quisiéramos, quisierais, quisieran; quisiese, quisieses, quisiese, quisiésemos, quisieseis, quisiesen
- Futuro de subjuntivo: quisiere, quisieres, quisiere, quisiéremos, quisiereis, quisieren.

Saber
- Pretérito perfecto simple de indicativo: supe, supiste, supo, supimos, supisteis, supieron.

- Pretérito imperfecto de subjuntivo: supiera, supieras, supiera, supiéramos, supierais, supieran; supiese, supieses, supiese, supiésemos, supieseis, supiesen.
- Futuro de subjuntivo: supiere, supieres, supiere, supiéremos, supiereis, supieren.

Tener
- Pretérito perfecto simple de indicativo: tuve, tuviste, tuvo, tuvimos, tuvisteis, tuvieron.
- Pretérito imperfecto de subjuntivo: tuviera, tuvieras, tuviera, tuviéramos, tuvierais, tuvieran; tuviese, tuvieses, tuviese, tuviésemos, tuvieseis, tuviesen.
- Futuro de subjuntivo: tuviere, tuvieres, tuviere, tuviéremos, tuviereis, tuvieren.

3.7. *Supresión de vocal / futuro sincopado*

Venir
- Futuro de indicativo: vendré, vendrás, vendrá, vendremos, vendréis, vendrán.
- Condicional: vendría, vendrías, vendría, vendríamos, vendríais, vendrían.

Se conjugan así los siguientes verbos: poner, salir, tener, valer.

Poder
- Futuro de indicativo: podré, podrás, podrá, podremos, podréis, podrán.
- Condicional: podría, podrías, podría, podríamos, podríais, podrían.

Verbos que presentan esta misma irregularidad (futuro sincopado): caber, haber, querer, saber, poner, salir, tener, valer.

3.8. *Adición de y*

Dar: doy
Haber: hay
Ir: voy
Ser: soy
Estar: estoy

3.9. *Participio irregular*

En *-to*

Abrir: abierto.
Anteponer: antepuesto.
Componer: compuesto.
Circunscribir: circunscrito.
Cubrir: cubierto.
Describir: descrito.
Descubrir: descubierto.
Devolver: devuelto.
Disolver: disuelto.
Escribir: escrito.
Freír: frito.
Inscribir: inscrito.
Morir: muerto.
Poner: puesto.
Recubrir: recubierto.
Resolver: resuelto.
Revolver: revuelto.
Romper: roto.
Suscribir: suscrito.
Ver: visto.
Volver: vuelto.

En *-so*

Imprimir: impreso.
(También puede emplearse: imprimido.)

En *-cho*

Decir: dicho.
Hacer: hecho.
Satisfacer: satisfecho.

3.10. *Casos especiales*

Caer
- Presente de indicativo: caigo, caes, cae, caemos, caéis, caen.
- Presente de subjuntivo: caiga, caigas, caiga, caigamos, caigáis, caigan.
- Imperativo: cae, caiga, caed, caigan.
- Pretérito perfecto simple de indicativo: caí, caíste, cayó, caímos, caísteis, cayeron.
- Pretérito imperfecto de subjuntivo: cayera, cayeras, cayera, cayéramos, cayerais, cayeran; cayese, cayeses, cayese, cayésemos, cayeseis, cayesen.
- Futuro de subjuntivo: cayere, cayeres, cayere, cayéremos, cayereis, cayeren.

- Gerundio: cayendo.

Se conjugan como este verbo: recaer, decaer.

Caber

- Presente de indicativo: quepo, cabes, cabe, cabemos, cabéis, caben.
- Presente de subjuntivo: quepa, quepas, quepa, quepamos, quepáis, quepan.
- Imperativo: cabe, quepa, cabed, quepan.
- Pretérito perfecto simple de indicativo: cupe, cupiste, cupo, cupimos, cupisteis, cupieron.
- Pretérito imperfecto de subjuntivo: cupiera, cupieras, cupiera, cupiéramos, cupierais, cupieran; cupiese, cupieses, cupiese, cupiésemos, cupieseis, cupiesen.
- Futuro de subjuntivo: cupiere, cupieres, cupiere, cupiéremos, cupiereis, cupieren.
- Futuro de indicativo: cabré, cabrás, cabrá, cabremos, cabréis, cabrán.

Dar

- Presente de indicativo: doy, das, da, damos, dais, dan.
- Presente de subjuntivo: dé, des, dé, demos, deis, den.
- Imperativo: da, dé, dad, den.
- Pretérito perfecto simple de indicativo: di, diste, dio, dimos, disteis, dieron.
- Pretérito imperfecto de subjuntivo: diera, dieras, diera, diéramos, dierais, dieran; diese, dieses, diese, diésemos, dieseis, diesen.
- Futuro de subjuntivo: diere, dieres, diere, diéremos, diereis, dieren.

Decir

- Presente de indicativo: digo, dices, dice, decimos, decís, dicen.
- Presente de subjuntivo: diga, digas, diga, digamos, digáis, digan.
- Imperativo: di, diga, decid, digan.
- Pretérito perfecto simple de indicativo: dije, dijiste, dijo, dijimos, dijisteis, dijeron.
- Pretérito imperfecto de subjuntivo: dijera, dijeras, dijera... (ver apartado pretérito fuerte en este mismo capítulo).
- Futuro de subjuntivo: dijere, dijeres... (ver pretérito fuerte).

31

- Futuro de indicativo: diré, dirás, dirá, diremos, diréis, dirán.
- Condicional: diría, dirías, diría, diríamos, diríais, dirían.
- Gerundio: diciendo.
- Participio: dicho.

Errar
- Presente de indicativo: yerro, yerras, yerra, erramos, erráis, yerran.
- Presente de subjuntivo: yerre, yerres, yerre, erremos, erréis, yerren.
- Imperativo: yerra, yerre, errad, yerren.

Erguir
- Presente de indicativo: yergo, yergues, yergue, erguimos, erguís, yerguen.
- Presente de subjuntivo: yerga, yergas, yerga, irgamos, irgáis, yergan.
- Imperativo: yergue, yerga, erguid, yergan.
- Pretérito perfecto simple de indicativo: erguí, erguiste, irguió, erguimos, erguisteis, irguieron.
- Pretérito imperfecto de subjuntivo: irguiera, irguieras, irguiera, irguiéramos, irguierais, irguieran; irguiese, irguieses, irguiese, irguiésemos, irguieseis, irguiesen.
- Futuro de subjuntivo: irguiere, irguieres, irguiere...
- Gerundio: irguiendo.

Haber
- Presente de indicativo: he, has, ha, hemos, habéis, han.
- Presente de subjuntivo: haya, hayas, haya, hayamos, hayáis, hayan.
- Pretérito perfecto simple de indicativo: hube, hubiste, hubimos, hubisteis, hubieron.
- Pretérito imperfecto de subjuntivo: hubiera, hubieras, hubiera, hubiéramos, hubierais, hubieran; hubiese, hubieses, hubiese, hubiésemos, hubieseis, hubiesen.
- Futuro de subjuntivo: hubiere, hubieres, hubiere, hubiéremos, hubiereis, hubieren.
- Futuro de indicativo: habré, habrás, habrá, habremos, habréis, habrán.
- Condicional: habría, habrías, habríamos, habríais, habrían.

Ir
- Presente de indicativo: voy, vas... (ver apartado adición de *y*).
- Presente de subjuntivo: vaya, vayas, vaya, vayamos, vayáis, vayan.
- Imperativo: ve, vaya, id, vayan.
- Pretérito imperfecto: iba, ibas, iba, íbamos, ibais, iban.
- Pretérito perfecto simple de indicativo: fui, fuiste, fuimos, fuisteis, fueron.
- Pretérito imperfecto de subjuntivo: fuera, fueras, fuera, fuéramos, fuerais, fueran; fuese, fueses, fuese, fuésemos, fueseis, fuesen.
- Futuro de subjuntivo: fuere, fueres, fuere, fuéremos, fuereis, fueren.
- Gerundio: yendo.

Oír
- Presente de indicativo: oigo, oyes, oye, oímos, oís, oyen.
- Presente de subjuntivo: oiga, oigas, oiga, oigamos, oigáis, oigan.
- Imperativo: oye, oiga, oíd, oigan.
- Pretérito perfecto simple de indicativo: oí, oíste, oyó (ver sustitución por *y*).
- Pretérito imperfecto de subjuntivo: oyera, oyese... (ver sustitución por *y*).
- Futuro de subjuntivo: oyere, oyeres... (ver sustitución por *y*).
- Gerundio: oyendo.

Saber
- Presente de indicativo: sé, sabes, sabe, sabemos, sabéis, saben.
- Presente de subjuntivo: sepa, sepas, sepa, sepamos, sepáis, sepan.
- Imperativo: sabe, sepa, sabed, sepan.
- Pretérito perfecto simple de indicativo: supe, supiste... (ver verbos con pretérito fuerte).
- Pretérito imperfecto de subjuntivo: supiera... (ver verbos con pretérito fuerte).
- Futuro de subjuntivo: supiere, supieres... (ver verbos con pretérito fuerte).
- Futuro de indicativo: sabré, sabrás, sabrá, sabremos, sabréis, sabrán.

- Condicional: sabría, sabrías, sabría, sabríamos, sabríais, sabrían.
- El futuro de indicativo y el condicional sufren la irregularidad ya explicada en verbos con futuro sincopado.

Ser
- Presente de indicativo: soy, eres, es, somos, sois, son.
- Presente de subjuntivo: sea, seas, sea, seamos, seáis, sean.
- Imperativo: sé, sea, sed, sean.
- Pretérito imperfecto de indicativo: era, eras, era, éramos, erais, eran.
- Pretérito perfecto simple de indicativo: fui, fuiste, fue, fuimos, fuisteis, fueron.
- Pretérito imperfecto de subjuntivo: fuera, fueras, fuera, fuéramos, fuerais, fueran; fuese, fueses, fuese, fuésemos, fueseis, fuesen.
- Futuro de subjuntivo: fuere, fueres, fuere, fuéremos, fuereis, fueren.

Traer
- Presente de indicativo: traigo, traes, trae, traemos, traéis, traen.
- Presente de subjuntivo: traiga, traigas, traiga, traigamos, traigáis, traigan.
- Pretérito perfecto simple de indicativo: traje, trajiste, trajo, trajimos, trajisteis, trajeron.
- Pretérito imperfecto de subjuntivo: trajera, trajeras, trajera, trajéramos, trajerais, trajeran; trajese, trajeses, trajese, trajésemos, trajeseis, trajesen.
- Futuro de subjuntivo: trajere, trajeres, trajere, trajéremos, trajereis, trajeren.

Como traer se conjugan: abstraer, atraer, contraer, distraer, extraer, retraer, retrotraer, sustraer.

Capítulo III

Clases de verbos

1. Clases de verbos

Impersonales: *llover, nevar, amanecer, deshelar, diluviar...*
Pronominales: *acordarse, arrepentirse...*
Transitivos: *comer, beber, tener, comprar, querer, buscar...*
Intransitivos: *quedar, volver, llegar, viajar, pasear...*
Copulativos: *ser, estar, parecer*
Auxiliares: *haber, ser*
Perífrasis verbales: *deber de + infinitivo, tener que + infinitivo, ir a + infinitivo...*
Defectivos: *abolir*

1.1. *Verbos impersonales*

Los verbos impersonales son aquellos verbos que carecen de sujeto.

Son impersonales:

a) Los verbos que expresan fenómenos atmosféricos: llover, nevar, amanecer, atardecer, clarear, escampar, escarchar, granizar, deshelar, diluviar, granizar, helar... Se conjugan únicamente en tercera persona del singular:

llueve mucho   *está nevando poco*
ha amanecido a las seis   *en invierno atardece antes*

Estos verbos se llaman impersonales porque no pueden tener sujeto, es decir, persona, animal o cosa que realice la acción:

*yo lluevo mucho   **tú estás nevando poco*
*atardecen antes

En el caso de amanecer podemos encontrarlo con sujeto, pero siempre en sentido metafórico: *amanecimos a las dos del mediodía.*

35

También en el caso de llover puede aparecer sujeto siempre y cuando el verbo llover tenga un sentido metafórico: *te llueven encima mil problemas.*

b) Acaecer, acontecer, alborear, atañer…

c) Haber:

Hay mucha gente.	*Hay una persona.*
Hay diez personas.	*Hay un niño.*
Hay un plato.	*Hay dos platos.*

1.2. *Verbos pronominales*

Los verbos pronominales se llaman así porque el rasgo que los define es que van siempre acompañados por un pronombre átono: me, te, se, nos, os, se. Se conjugan pues con tal pronombre. Por ejemplo, el verbo 'arrepentirse' tiene que conjugarse con un pronombre átono, de lo contrario carecería de sentido.

me arrepiento	nos arrepentimos
te arrepientes	os arrepentís
se arrepiente	se arrepienten

Me arrepiento de haber actuado así.

Si prescindimos del pronombre átono sucede lo siguiente:

*Arrepiento de haber actuado así.

Dentro de los verbos pronominales hay que diferenciar aquellos que, como arrepentirse, sólo pueden conjugarse con pronombre átono de aquellos que pueden conjugarse con pronombre átono y sin él. En este último caso, variará el significado dependiendo de que el verbo vaya con pronombre átono o sin él. No es lo mismo *voy* que *me voy.*

1.3. *Verbos transitivos y verbos intransitivos*

Son transitivos los verbos que exigen un complemento directo.

Quiero lentejas.   *Tengo un lápiz.*

Son intransitivos los que no pueden llevar complemento directo:

Voy a casa.   *Me marché enseguida.*

1.4. *Verbos copulativos*

'Ser, estar, parecer' son los verbos copulativos por excelencia, aunque hay otros que no siéndolo pueden comportarse como tales y en ese caso ser considerados como copulativos.

1.5. *Verbos auxiliares*

Los verbos auxiliares preceden al verbo principal o núcleo verbal y están presentes en:

a) Los tiempos compuestos de la voz activa: auxiliar + principal (o núcleo verbal). El auxiliar de los tiempos compuestos de la voz activa es siempre el verbo 'haber', y es éste el que se conjuga, ya que el verbo principal va siempre en participio:

he comido, has comido, ha comido, hemos comido, habéis comido, han comido

b) La voz pasiva se forma con un auxiliar + participio. En este caso el auxiliar es el verbo 'ser', y es éste el que se conjuga, permaneciendo el verbo principal en participio:

soy mirado, eres mirado, es mirado, somos mirados, sois mirados, son mirados

c) Auxiliar es también uno de los dos verbos que forman la perífrasis verbal, y que se explica en el siguiente apartado.

1.6. *Perífrasis verbales*

Se forman con un verbo en forma personal (conjugado) y otro en forma no personal (infinitivo, participio, gerundio): *anda contando historias*. En el ejemplo, *anda contando* es el verbo, la perífrasis, y está formada por *anda* que es el verbo en forma personal (conjugado), y *andando,* que es la forma no personal, gerundio en este caso. Se aprecia en el ejemplo que 'andar' ha perdido su significado, pues no expresa el movimiento equivalente a caminar sino que funciona como un auxiliar de andando que es el que da el significado a toda la perífrasis.

Este rasgo es fundamental a la hora de distinguir una perífrasis de lo que no lo es, pues basta con comprobar que uno de los dos verbos ha perdido su significado, para saber que se está ante una perífrasis.

1.7. *Verbos defectivos*

Son defectivos los verbos que no se conjugan en todas las formas. Ejemplo: *abolir, soler...*

Capítulo IV

Voz pasiva

1. La voz pasiva

Activa	Pasiva
robo	soy robado
secuestras	eres secuestrado

El verbo pasivo (soy robado) se construye con el verbo ser conjugado en el tiempo que le corresponda (en la tabla el verbo en activa está en presente, por lo que el verbo ser que forma la pasiva está en presente: soy, eres) y el participio del verbo en cuestión (robado, secuestrado). El verbo en activa robó lo convertimos en verbo pasivo así: fue robado.

miro	*soy mirado*
he visto	*he sido visto*
observarás	*serás observado*
amo/soy amado	*amamos/somos amados*
amas/eres amado	*amáis/sois amados*
ama/es amado	*aman/son amados*

A continuación se presenta la tabla de conjugación en voz pasiva. Será siempre igual; lo único que varía es el participio.

1.1. *Indicativo*

Presente	Pretérito perfecto
soy amado (visto, mirado…)	era amado
eres amado	eras amado
es amado	era amado
somos amados	éramos amados
sois amados	erais amados
son amados	eran amados

Pretérito perfecto/indefinido	*Futuro simple*
fui amado	seré amado
fuiste amado	serás amado
fue amado	será amado
fuimos amados	seremos amados
fuisteis amados	seréis amados
fueron amados	serán amados

Condicional simple	*Condicional compuesto*
sería amado	habría sido amado
serías amado	habrías sido amado
sería amado	habrías sido amado
seríamos amados	habríamos sido amados
seríais amados	habríais sido amados
serían amados	habrían sido amados

Pretérito perfecto compuesto	*Pretérito pluscuamperfecto*
he sido amado	había sido amado
has sido amado	habías sido amado
ha sido amado	había sido amado
hemos sido amados	habíamos sido amados
habéis sido amados	habíais sido amados
han sido amados	habían sido amados

Pretérito anterior	*Futuro compuesto*
hube sido amado	habré sido amado
hubiste sido amado	habrás sido amado
hubo sido amado	habrá sido amado
hubimos sido amados	habremos sido amados
hubisteis sido amados	habréis sido amados
hubieron sido amados	habrán sido amados

1.2. *Subjuntivo*

Presente	*Pretérito perfecto*
sea amado	haya sido amado
seas amado	hayas sido amado
sea amado	haya sido amado
seamos amados	hayamos sido amados
seáis amados	hayáis sido amados
sean amados	hayan sido amados

Pretérito imperfecto	Pretérito pluscuamperfecto
fuera/fuese amado	hubiera/hubiese sido amado
fueras/fueses amado	hubieras/hubieses sido amado
fuera/fuese amado	hubiera/hubiese sido amado
fuéramos/fuésemos amados	hubiéramos/hubiésemos sido amados
fuerais/fueseis amados	hubierais/hubieseis sido amados
fueran/fuesen amados	hubieran/hubiesen sido amados

Futuro simple	Futuro compuesto
fuere amado	hubiere sido amado
fueres amado	hubieres sido amado
fuere amado	hubiere sido amado
fuéremos amados	hubiéremos sido amados
fuereis amados	hubiereis sido amados
fueren amados	hubieren sido amados

1.3. *Imperativo*

Sé amado (tú)   Sed amados (vosotros)
Sea amado (usted)   Sean amados (ustedes)

2. Formas no personales

Infinitivo	ser amado
Infinitivo compuesto	haber sido amado
Gerundio	siendo amado
Gerundio compuesto	habiendo sido amado

Capítulo V

Conjugación de verbos irregulares y verbos regulares con alguna alteración ortográfica

Introducción

En este capítulo se incluye la conjugación de los verbos irregulares y los verbos regulares con alguna alteración. Los verbos regulares no aparecen aquí conjugados por seguir siempre un mismo modelo de conjugación.

En la siguiente tabla están las terminaciones propias de cada tiempo y persona de los verbos regulares. Ya lo vimos en el capítulo I, pero aprovecho para recordar al lector que todos los verbos regulares seguirán siempre el modelo presentado en dicho capítulo.

En la siguiente lista se ofrecen los verbos irregulares y su conjugación y los verbos regulares que presentan alguna alteración ortográfica en su conjugación.

En algunos casos junto al verbo irregular (o regular con alteración ortográfica) se pone una flecha y una indicación que dice, por ejemplo:

contar- se conjuga como 'acordar'

Entonces el lector deberá acudir a 'acordar' para ver la conjugación, pues la de contar es igual a la de acordar.

A

•ABALIZAR: sigue la conjugación regular pero presenta una alteración ortográfica, pues cambia la *z* en *c* ante *e*.

INDICATIVO

Presente de indicativo

abalizo	abalicemos
abalizas	abalicéis
abalice	abalicen

Pretérito imperfecto

abalizaba	abalizábamos
abalizabas	abalizabais
abalizaba	abalizaban

Pretérito perfecto simple/indefinido

abalicé	abalizamos
abalizaste	abalizasteis
abalizó	abalizaron

Futuro simple

abalizaré	abalizaremos
abalizarás	abalizaréis
abalizará	abalizarán

Condicional simple

abalizaría	abalizaríamos
abalizarías	abalizaríais
abalizaría	abalizarían

SUBJUNTIVO

Presente

abalice	abalicemos
abalices	abalicéis
abalice	abalicen

Pretérito imperfecto

abalizara/abalizase	abalizáramos/abalizásemos
abalizaras/abalizases	abalizarais/abalizaseis
abalizara/abalizase	abalizaran/abalizasen

Futuro simple

abalizare	abalizáremos
abalizares	abalizareis
abalizare	abalizaren

Imperativo

abaliza	abalizad
abalice	abalicen

Formas no personales

Infinitivo: abalizar
Participio: abalizado
Gerundio: abalizando

Los tiempos compuestos no se han recogido aquí por seguir la conjugación regular sin alteraciones, ya que se forma con haber + abalizado. Puede el lector consultar los tiempos compuestos en el capítulo I.

abanderizar_ se conjuga como 'abalizar'.

•ABANICAR: este verbo es regular, pero presenta una alteración ortográfica, pues se produce un cambio de consonante: la c pasa a q ante e.

INDICATIVO

Presente

abanico	abanicamos
abanicas	abanicáis
abanica	abanican

Pretérito imperfecto

abanicaba	abanicábamos
abanicabas	abanicabais
abanicaba	abanicaban

Futuro

abanicaré	abanicaremos
abanicarás	abanicaréis
abanicará	abanicarán

Pretérito perfecto simple/indefinido

abaniqué	abanicamos
abanicaste	abanicasteis
abanicó	abanicaron

Condicional simple

abanicaría	abanicaríamos
abanicarías	abanicaríais
abanicaría	abanicarían

SUBJUNTIVO

Presente

abanique	abaniquemos
abaniques	abaniquéis
abanique	abaniquen

Pretérito imperfecto

abanicara/abanicase	abanicáramos/abanicásemos
abanicaras/abanicases	abanicarais/abanicaseis
abanicara/abanicase	abanicaran/abanicasen

Futuro simple

abanicare	abanicáremos
abanicares	abanicareis
abanicare	abanicaren

Imperativo

abanica	abanicad
abanique	abaniquen

Formas no personales

Infinitivo: abanicar
Participio: abanicado
Gerundio: abanicando

abarrancar_ se conjuga como 'abanicar'.

•ABASTECER: irregular

INDICATIVO

Presente	*Pretérito perfecto compuesto*
abastezco	he abastecido
abasteces	has abastecido
abastece	ha abastecido
abastecemos	hemos abastecido
abastecéis	habéis abastecido
abastecen	han abastecido

Pretérito imperfecto	*Pretérito pluscuamperfecto*
abastecía	había abastecido
abastecías	habías abastecido
abastecía	había abastecido
abastecíamos	habíamos abastecido
abastecíais	habíais abastecido
abastecían	habían abastecido

Pret. perf. simple/indefinido	*Pretérito anterior*
abastecí	hube abastecido
abasteciste	hubiste abastecido
abasteció	hubo abastecido
abastecimos	hubimos abastecido
abastecisteis	hubisteis abastecido
abastecieron	hubieron abastecido

Futuro simple	*Futuro compuesto*
abasteceré	habré abastecido
abastecerás	habrás abastecido
abastecerá	habrá abastecido
abasteceremos	habremos abastecido
abasteceréis	habréis abastecido
abastecerán	habrán abastecido

Condicional simple	*Condicional compuesto*
abastecería	habría abastecido
abastecerías	habrías abastecido
abastecería	habría abastecido
abasteceríamos	habríamos abastecido

abasteceríais   habríais abastecido
abastecerían   habrían abastecido

SUBJUNTIVO

Presente	Pretérito perfecto
abastezca	haya abastecido
abastezcas	hayas abastecido
abastezca	haya abastecido
abastezcamos	hayamos abastecido
abastezcáis	hayáis abastecido
abastezcan	hayan abastecido

Pretérito imperfecto	Pretérito pluscuamperfecto
abasteciera/abasteciese	hubiera/hubiese abastecido
abastecieras/abastecieses	hubieras/hubieses abastecido
abasteciera/abasteciese	hubiera/hubiese abastecido
abasteciéramos/abasteciésemos	hubiéramos/hubiésemos abastecido
abastecierais/abastecieseis	hubierais/hubieseis abastecido
abastecieran/abasteciesen	hubieran/hubiesen abastecido

Futuro simple	Futuro compuesto
abasteciere	hubiere abastecido
abastecieres	hubieres abastecido
abasteciere	hubiere abastecido
abasteciéremos	hubiéremos abastecido
abasteciereis	hubiereis abastecido
abastecieren	hubieren abastecido

Imperativo	
abastece	abasteced
abastezca	abastezcan

Formas no personales

Infinitivo: abastecer
Infinitivo compuesto: haber abastecido
Participio: abastecido
Gerundio compuesto: habiendo abastecido
Gerundio: abasteciendo

abdicar_ se conjuga como 'abanicar'.
abellacar_ se conjuga como 'abanicar'.

•ABNEGAR: irregular

INDICATIVO

Presente	*Pretérito perfecto compuesto*
abniego	he abnegado
abniegas	has abnegado
abniega	ha abnegado
abnegamos	hemos abnegado
abnegáis	habéis abnegado
abniegan	han abnegado

Pretérito imperfecto	*Pretérito pluscuamperfecto*
abnegaba	había abnegado
abnegabas	habías abnegado
abnegaba	había abnegado
abnegábamos	habíamos abnegado
abnegabais	habíais abnegado
abnegaban	habían abnegado

Pret. perf. simple/indefinido	*Pretérito anterior*
abnegué	hube abnegado
abnegaste	hubiste abnegado
abnegó	hubo abnegado
abnegamos	hubimos abnegado
abnegasteis	hubisteis abnegado
abnegaron	hubieron abnegado

Futuro simple	*Futuro compuesto*
abnegaré	habré abnegado
abnegarás	habrás abnegado
abnegaré	habrá abnegado
abnegaremos	habremos abnegado
abnegaréis	habréis abnegado
abnegarán	habrán abnegado

Condicional	*Condicional compuesto*
abnegaría	habría abnegado
abnegarías	habrías abnegado
abnegaría	habría abnegado
abnegaríamos	habríamos abnegado

abnegaríais   habríais abnegado
abnegarían   habrían abnegado

SUBJUNTIVO

Presente	Pretérito perfecto
abniegue	haya abnegado
abniegues	hayas abnegado
abniegue	haya abnegado
abneguemos	hayamos abnegado
abneguéis	hayáis abnegado
abnieguen	hayan abnegado

Pretérito imperfecto	Pretérito pluscuamperfecto
abnegara/abnegase	hubiera/hubiese abnegado
abnegaras/abnegases	hubieras/hubieses abnegado
abnegara/abnegase	hubiera/hubiese abnegado
abnegáramos/abnegásemos	hubiéramos/hubiésemos abnegado
abnegarais/abnegaseis	hubierais/hubieseis abnegado
abnegaran/abnegasen	hubieran/hubiesen abnegado

Futuro simple	Futuro compuesto
abnegare	hubiere abnegado
abnegares	hubieres abnegado
abnegare	hubiere abnegado
abnegáremos	hubiéremos abnegado
abnegareis	hubiereis abnegado
abnegaren	hubieren abnegado

Imperativo

abniega	abnegad
abniegue	abnieguen

Formas no personales

Infinitivo: abnegar
Infinitivo compuesto: haber abnegado
Participio: abnegado
Gerundio compuesto: habiendo abnegado
Gerundio: abnegando

abocar_ se conjuga como 'abanicar'.

• **ABOLIR:** es un verbo defectivo, lo que significa que en algunas formas no se conjuga. En este caso se conjuga en todas siguiendo a 'amar', menos en la 1.ª, 2.ª y 3.ª persona del singular y 3.ª del plural del presente de indicativo, y menos el presente de subjuntivo entero. En estas formas no se conjuga.

INDICATIVO

Presente	Pretérito perfecto compuesto
-	he abolido
-	has abolido
-	ha abolido
abolimos	hemos abolido
abolís	habéis abolido
-	han abolido

Pretérito imperfecto	Pretérito pluscuamperfecto
abolía	había abolido
abolías	habías abolido
abolía	había abolido
abolíamos	habíamos abolido
abolíais	habíais abolido
abolían	habían abolido

Pret. perf. simple/indefinido	Pretérito anterior
abolí	hube abolido
aboliste	hubiste abolido
abolió	hubo abolido
abolimos	hubimos abolido
abolisteis	hubisteis abolido
abolieron	hubieron abolido

Futuro simple	Futuro compuesto
aboliré	habré abolido
abolirás	habrás abolido
abolirá	habrá abolido
aboliremos	habremos abolido
aboliréis	habréis abolido
abolirán	habrán abolido

Condicional simple	Condicional compuesto
aboliría	habría abolido

abolirías	habrías abolido
aboliría	habría abolido
aboliríamos	habríamos abolido
aboliríais	habríais abolido
abolirían	habrían abolido

SUBJUNTIVO

Presente	*Pretérito perfecto*
-	haya abolido
-	hayas abolido
-	haya abolido
-	hayamos abolido
-	hayáis abolido
-	hayan abolido

Pretérito imperfecto	*Pretérito pluscuamperfecto*
aboliera/aboliese	hubiera/hubiese abolido
abolieras/abolieses	hubieras/hubieses abolido
aboliera/aboliese	hubiera/hubiese abolido
aboliéramos/aboliésemos	hubiéramos/hubiésemos abolido
abolierais/abolieseis	hubierais/hubieseis abolido
abolieran/aboliesen	hubieran/hubiesen abolido

Futuro simple	*Futuro compuesto*
aboliere	hubiere abolido
abolieres	hubieres abolido
aboliere	hubiere abolido
aboliéremos	hubiéremos abolido
aboliereis	hubiereis abolido
abolieren	hubieren abolido

Imperativo

-	abolid
-	-

Formas no personales

Infinitivo: abolir
Infinitivo compuesto: haber abolido
Gerundio: aboliendo
Gerundio compuesto: habiendo abolido
Participio: abolido

abonanzar_ se conjuga como 'abalizar'.

•ABORRECER: irregular

INDICATIVO

Presente	*Pretérito perfecto compuesto*
aborrezco	he aborrecido
aborreces	has aborrecido
aborrece	ha aborrecido
aborrecemos	hemos aborrecido
aborrecéis	habéis aborrecido
aborrecen	han aborrecido

Pretérito imperfecto	*Pretérito pluscuamperfecto*
aborrecía	había aborrecido
aborrecías	habías aborrecido
aborrecía	había aborrecido
aborrecíamos	habíamos aborrecido
aborrecíais	habíais aborrecido
aborrecían	habían aborrecido

Pret. perf. simple/indefinido	*Pretérito anterior*
aborrecí	hube aborrecido
aborreciste	hubiste aborrecido
aborreció	hubo aborrecido
aborrecimos	hubimos aborrecido
aborrecisteis	hubisteis aborrecido
aborrecieron	hubieron aborrecido

Futuro simple	*Futuro compuesto*
aborreceré	habré aborrecido
aborrecerás	habrás aborrecido
aborrecerá	habrá aborrecido
aborreceremos	habremos aborrecido
aborreceréis	habréis aborrecido
aborrecerán	habrán aborrecido

Condicional simple	*Condicional compuesto*
aborrecería	habría aborrecido
aborrecerías	habrías aborrecido
aborrecería	habría aborrecido

aborreceríamos	habríamos aborrecido
aborreceríais	habríais aborrecido
aborrecerían	habrían aborrecido

SUBJUNTIVO

Presente	*Pretérito perfecto*
aborrezca	haya aborrecido
aborrezcas	hayas aborrecido
aborrezca	haya aborrecido
aborrezcamos	hayamos aborrecido
aborrezcáis	hayáis aborrecido
aborrezcan	hayan aborrecido

Pretérito imperfecto	*Pretérito pluscuamperfecto*
aborreciera/aborreciese	hubiera/hubiese aborrecido
aborrecieras/aborrecieses	hubieras/hubieses aborrecido
aborreciera/aborreciese	hubiera/hubiese aborrecido
aborreciéramos/aborreciésemos	hubiéramos/hubieseis aborrecido
aborrecierais/aborrecieseis	hubierais/hubieseis aborrecido
aborrecieran/aborreciesen	hubieran/hubiesen aborrecido

Futuro simple	*Futuro compuesto*
aborreciere	hubiere aborrecido
aborrecieres	hubieres aborrecido
aborreciere	hubiere aborrecido
aborreciéremos	hubiéremos aborrecido
aborreciereis	hubiereis aborrecido
aborrecieren	hubieren aborrecido

Imperativo

aborrece	aborreced
aborrezca	aborrezcan

Formas no personales

Infinitivo: aborrecer
Infinitivo compuesto: haber aborrecido
Gerundio: aborreciendo
Gerundio compuesto: habiendo aborrecido
Participio: aborrecido

abravecer_ irregular, se conjuga como 'compadecer'.

abrir_ es regular y se conjuga como 'vivir', pero su participio es irregular: abierto.

abruzarse_ se conjuga como 'abalizar'.

absolver_ irregular, se conjuga como 'mover'. Participio irregular: absuelto.

abstener_ irregular, se conjuga como 'tener'.

abstraer_ irregular, se conjuga como 'traer'.

abuñolar_ irregular, se conjuga como 'acordar'.

abuzarse_ se conjuga como 'abalizar'.

academizar_ se conjuga como 'abalizar'.

•ACAECER: es un verbo irregular que sólo se conjuga en la tercera persona del singular y la tercera persona del plural.

INDICATIVO

Presente	Pretérito perfecto compuesto
acaece	ha acaecido
acaecen	han acaecido

Pretérito imperfecto	Pretérito pluscuamperfecto
acaecía	había acaecido
acaecían	habían acaecido

Pret. perf. simple/indefinido	Pretérito anterior
acaeció	hubo acaecido
acaecieron	hubieron acaecido

Futuro simple	Futuro compuesto
acaecerá	habrá acaecido
acaecerán	habrán acaecido

Condicional simple	Condicional compuesto
acaecería	habría acaecido
acaecerían	habrían acaecido

SUBJUNTIVO

Presente	Pretérito perfecto
acaezca	haya acaecido
acaezcan	hayan acaecido

Pretérito imperfecto	*Pretérito pluscuamperfecto*
acaeciera/acaeciese	hubiera/hubiese acaecido
acaecieran/acaeciesen	hubieran/hubiesen acaecido

Futuro simple	*Futuro compuesto*
acaeciere	hubiere acaecido
acaecieren	hubieren acaecido

Formas no personales

Infinitivo: acaecer
Infinitivo compuesto: haber acaecido
Gerundio: acaeciendo
Gerundio compuesto: habiendo acaecido
Participio: acaecido

acapizarse_ se conjuga como 'abalizar'.
acarrazarse_ se conjuga como 'abalizar'.
acensuar_ se conjuga como 'actuar'.
acentuar_ se conjuga como 'actuar'.
acercar_ se conjuga como 'abanicar'.
acertar_ irregular, se conjuga como 'calentar'.
acetificar_ se conjuga como 'abanicar'.
acezar_ se conjuga como 'abalizar'.
achacar_ se conjuga como 'abanicar'.
achancar_ se conjuga como 'abanicar'.
achicar_ se conjuga como 'abanicar'.
achocar_ se conjuga como 'abanicar'.
acidificar_ se conjuga como 'abanicar'.
aclocar_ irregular, se conjuga como 'volcar'.

•ACOGER: es un verbo regular, pero el cambio de la *g* en *j* ante *a, o* puede provocar dudas.

Presente de indicativo

acojo	acogemos
acoges	acogéis
acoge	acogen

Pretérito imperfecto de indicativo

acogía	acogíamos
acogías	acogíais
acogía	acogían

Pretérito perfecto simple/indefinido de indicativo

acogí	acogimos
acogiste	acogisteis
acogió	acogieron

Futuro de indicativo

acogeré	acogeremos
acogerás	acogeréis
acogerá	acogerán

Condicional

acogería	acogeríamos
acogerías	acogeríais
acogería	acogerían

Presente de subjuntivo

acoja	acojamos
acojas	acojáis
acoja	acojan

Pretérito imperfecto se subjuntivo

acogiera/acogiese	acogiéramos/acogiésemos
acogieras/acogieses	acogierais/acogieseis
acogiera/acogiese	acogieran/acogiesen

Futuro de subjuntivo

acogiere	acogiéremos
acogieres	acogiereis
acogiere	acogieren

Imperativo

acoge	acoged
acoja	acojan

Formas no personales

Infinitivo: acoger
Gerundio: acogiendo
Participio: acogido

acomedirse_ irregular, se conjuga como 'medir.

•ACONTECER: irregular, se conjuga como 'compadecer', pero sólo se conjugan la tercera persona del singular y la tercera del plural.

INDICATVO

Presente	*Pretérito perfecto compuesto*
acontece	ha acontecido
acontecen	han acontecido

Pretérito imperfecto	*Pretérito pluscuamperfecto*
acontecía	había acontecido
acontecían	habían acontecido

Pret. perf. simple/indefinido	*Pretérito anterior*
aconteció	hubo acontecido
acontecieron	hubieron acontecido

Futuro simple	*Futuro compuesto*
acontecerá	habrá acontecido
acontecerán	habrán acontecido

Condicional simple	*Condicional compuesto*
acontecería	habría acontecido
acontecerían	habrían acontecido

SUBJUNTIVO

Presente	*Pretérito perfecto*
acontezca	haya acontecido
acontezcan	hayan acontecido

Pretérito imperfecto	*Pretérito pluscuamperfecto*
aconteciera/aconteciese	hubiera/hubiese acontecido
acontecieran/aconteciesen	hubieran/hubiesen acontecido

Futuro simple	*Futuro compuesto*
aconteciere	hubiere acontecido
acontecieren	hubieren acontecido

acorazar_ se conjuga como 'abalizar'.

• ACORDAR: irregular

INDICATIVO

Presente	*Pretérito perfecto compuesto*
acuerdo	he acordado
acuerdas	has acordado
acuerda	ha acordado
acordamos	hemos acordado
acordáis	habéis acordado
acuerdan	han acordado

Pretérito imperfecto	*Pretérito pluscuamperfecto*
acordaba	había acordado
acordabas	habías acordado
acordaba	había acordado
acordábamos	habíamos acordado
acordabais	habíais acordado
acordaban	habían acordado

Pret. perf. simple/indefinido	*Pretérito anterior*
acordé	hube acordado
acordaste	hubiste acordado
acordó	hubo acordado
acordamos	hubimos acordado
acordasteis	hubisteis acordado
acordaron	hubieron acordado

Futuro simple	*Futuro compuesto*
acordaré	habré acordado
acordarás	habrás acordado
acordará	habrá acordado
acordaremos	habremos acordado
acordaréis	habréis acordado
acordarán	habrán acordado

Condicional simple	*Condicional compuesto*
acordaría	habría acordado
acordarías	habrías acordado
acordaría	había acordado
acordaríamos	habríamos acordado

| acordaríais | habríais acordado |
| acordarían | habrían acordado |

SUBJUNTIVO

Presente	**Pretérito perfecto**
acuerde	haya acordado
acuerdes	hayas acordado
acuerde	haya acordado
acordemos	hayamos acordado
acordéis	hayáis acordado
acuerden	hayan acordado

Pretérito imperfecto	**Pretérito pluscuamperfecto**
acordara/acordase	hubiera/hubiese acordado
acordaras/acordases	hubieras/hubieses acordado
acordara/acordase	hubiera/hubiese acordado
acordáramos/acordásemos	hubiéramos/hubiésemos acordado
acordarais/acordaseis	hubierais/hubieseis acordado
acordaran/acordasen	hubieran/hubiesen acordado

Futuro simple	**Futuro compuesto**
acordare	hubiere acordado
acordares	hubieres acordado
acordare	hubiere acordado
acordáremos	hubiéremos acordado
acordareis	hubiereis acordado
acordaren	hubieren acordado

Imperativo

| acuerda | acordad |
| acuerde | acuerden |

Formas no personales

Infinitivo: acordar
Infinitivo compuesto: haber acordado
Gerundio: acordando
Gerundio compuesto: habiendo acordado
Participio: acordado

acornar_ irregular, se conjuga como 'acordar'.
acostar_ irregular, se conjuga como 'acordar'.
acrecentar_ irregular, se conjuga como 'acertar'.

•ACTUAR: es verbo regular, pero presenta una acentuación distinta en algunas formas.

Presente de indicativo

actúo	actuamos
actúas	actuáis
actúa	actúan

Presente de subjuntivo

actúe	actuemos
actúes	actuéis
actúe	actúen

Los restantes tiempos se conjugan como amar.

actualizar_ se conjuga como 'abalizar'.
adecuar_ se conjuga como 'amar', y también se puede conjugar como como'actuar'.
adelgazar_ se conjuga como 'abalizar'.
aderezar_ se conjuga como 'abalizar'.
adestrar_ irregular, se conjuga como 'acertar'.

•ADHERIR: irregular

INDICATIVO

Presente	Pretérito perfecto compuesto
adhiero	he adherido
adhieres	has adherido
adhiere	ha adherido
adherimos	hemos adherido
adherís	habéis adherido
adhieren	han adherido

Pretérito imperfecto	Pretérito pluscuamperfecto
adhería	había adherido
adherías	habías adherido
adhería	había adherido
adheríamos	habíamos adherido
adheríais	habíais adherido
adherían	habían adherido

Pret. perf. simple/indefinido	Pretérito anterior
adherí	hube adherido
adheriste	hubiste adherido
adhirió	hubo adherido
adherimos	hubimos adherido
adheristeis	hubisteis adherido
adhirieron	hubieron adherido

Futuro simple	Futuro compuesto
adheriré	habré adherido
adherirás	habrás adherido
adherirá	habrá adherido
adheriremos	habremos adherido
adheriréis	habréis adherido
adherirán	habrán adherido

Condicional simple	Condicional compuesto
adheriría	habría adherido
adherirías	habrías adherido
adheriría	habría adherido
adheriríamos	habríamos adherido
adheriríais	habríais adherido
adherirían	habrían adherido

SUBJUNTIVO

Presente	Pretérito perfecto
adhiera	haya adherido
adhieras	hayas adherido
adhiera	haya adherido
adhiramos	hayamos adherido
adhiráis	hayáis adherido
adhieran	hayan adherido

Pretérito imperfecto	Pretérito pluscuamperfecto
adhiriera/adhiriese	hubiera/hubiese adherido
adhirieras/adhirieses	hubieras/hubieses adherido
adhiriera/adhiriese	hubiera/hubiese adherido
adhiriéramos/adhiriésemos	hubiéramos/hubiésemos adherido
adhirierais/adhirieseis	hubierais/hubieseis adherido
adhirieran/adhiriesen	hubieran/hubiesen adherido

Futuro simple	Futuro compuesto
adhiriere	hubiere adherido
adhirieres	hubieres adherido
adhiriere	hubiere adherido
adhiriéremos	hubiéremos adherido
adhiriereis	hubiereis adherido
adhirieren	hubieren adherido

Imperativo

adhiere	adherid
adhiera	adhieran

Formas no personales

Infinitivo: adherir
Infinitivo compuesto: haber adherido
Gerundio: adhiriendo
Gerundio compuesto: habiendo adherido
Participio: adherido

adjudicar_ se conjuga como 'abanicar'.

•ADOLECER: irregular

INDICATIVO

Presente	Pretérito perfecto compuesto
adolezco	he adolecido
adoleces	has adolecido
adolece	ha adolecido
adolecemos	hemos adolecido
adolecéis	habéis adolecido
adolecen	han adolecido

Pretérito imperfecto	Pretérito pluscuamperfecto
adolecía	había adolecido
adolecías	habías adolecido
adolecía	había adolecido
adolecíamos	habíamos adolecido
adolecíais	habíais adolecido
adolecían	habían adolecido

Pret. perf. simple/indefinido	Pretérito anterior
adolecí	hube adolecido
adoleciste	hubiste adolecido
adoleció	hubo adolecido
adolecimos	hubimos adolecido
adolecisteis	hubisteis adolecido
adolecieron	hubieron adolecido

Futuro simple	Futuro compuesto
adoleceré	habré adolecido
adolecerás	habrás adolecido
adolecerá	habrá adolecido
adoleceremos	habremos adolecido
adoleceréis	habréis adolecido
adolecerán	habrán adolecido

Condicional simple	Condicional compuesto
adolecería	habría adolecido
adolecerías	habrías adolecido
adolecería	habría adolecido
adoleceríamos	habríamos adolecido
adoleceríais	habríais adolecido
adolecerían	habrían adolecido

SUBJUNTIVO

Presente	Pretérito perfecto
adolezca	haya adolecido
adolezcas	hayas adolecido
adolezca	haya adolecido
adolezcamos	hayamos adolecido
adolezcáis	hayáis adolecido
adolezcan	hayan adolecido

Pretérito imperfecto	Pretérito pluscuamperfecto
adoleciera/adoleciese	hubiera/hubiese adolecido
adolecieras/adolecieses	hubieras/hubieses adolecido
adoleciera/adoleciese	hubiera/hubiese adolecido
adoleciéramos/adoleciésemos	hubiéramos/hubiésemos adolecido
adolecierais/adolecieseis	hubierais/hubieseis adolecido
adolecieran/adoleciesen	hubieran/hubiesen adolecido

Futuro simple	Futuro compuesto
adoleciere	hubiere adolecido
adolecieres	hubieres adolecido
adoleciere	hubiere adolecido
adoleciéremos	hubiéremos adolecido
adoleciereis	hubiereis adolecido
adolecieren	hubieren adolecido

Imperativo

adolece	adoleced
adolezca	adolezcan

Formas no personales

Infinitivo: adolecer
Infinitivo compuesto: haber adolecido
Gerundio: adoleciendo
Gerundio compuesto: habiendo adolecido
Participio: adolecido

adormecer_ irregular, se conjuga como 'compadecer'.
adormir_ irregular, se conjuga como 'dormir'.

•ADQUIRIR: irregular

INDICATIVO

Presente	Pretérito perfecto compuesto
adquiero	he adquirido
adquieres	has adquirido
adquiere	ha adquirido
adquirimos	hemos adquirido
adquirís	habéis adquirido
adquieren	han adquirido

Pretérito imperfecto	Pretérito pluscuamperfecto
adquiría	había adquirido
adquirías	habías adquirido
adquiría	había adquirido
adquiríamos	habíamos adquirido
adquiríais	habíais adquirido
adquirían	habían adquirido

Pret. perf. simple/indefinido	Pretérito anterior
adquirí	hube adquirido
adquiriste	hubiste adquirido
adquirió	hubo adquirido
adquirimos	hubimos adquirido
adquiristeis	hubisteis adquirido
adquirieron	hubieron adquirido

Futuro simple	Futuro compuesto
adquiriré	habré adquirido
adquirirás	habrás adquirido
adquirirá	habrá adquirido
adquiriremos	habremos adquirido
adquiriréis	habréis adquirido
adquirirán	habrán adquirido

Condicional simple	Condicional compuesto
adquiriría	habría adquirido
adquirirías	habrías adquirido
adquiriría	habría adquirido
adquiriríamos	habríamos adquirido
adquiriríais	habríais adquirido
adquirirían	habrían adquirido

SUBJUNTIVO

Presente	Pretérito perfecto
adquiera	haya adquirido
adquieras	hayas adquirido
adquiera	haya adquirido
adquiramos	hayamos adquirido
adquiráis	hayáis adquirido
adquieran	hayan adquirido

Pretérito imperfecto	Pretérito pluscuamperfecto
adquiriera/adquiriese	hubiera/hubiese adquirido
adquirieras/adquirieses	hubieras/hubieses adquirido
adquiriera/adquiriese	hubiera/hubiese adquirido
adquiriéramos/adquiriéseis	hubiéramos/hubiésemos adquirido
adquirierais/adquirieseis	hubierais/hubieseis adquirido
adquirieran/adquiriesen	hubieran/hubiesen adquirido

Futuro simple	Futuro compuesto
adquiriere	hubiere adquirido
adquirieres	hubieres adquirido
adquiriere	hubiere adquirido
adquiriéremos	hubiéremos adquirido
adquiriereis	hubiereis adquirido
adquirieren	hubieren adquirido

Imperativo

adquiere	adquirid
adquiera	adquieran

Formas no personales

Infinitivo: adquirir
Infinitivo compuesto: haber adquirido
Gerundio: adquiriendo
Gerundio compuesto: habiendo adquirido
Participio: adquirido

advenir_ irregular, se conjuga como 'venir'.
adverbializar_ se conjuga como 'abalizar'.

•ADVERTIR: irregular

INDICATIVO

Presente	Pretérito perfecto compuesto
advierto	he advertido
adviertes	has advertido
advierte	ha advertido
advertimos	hemos advertido
advertís	habéis advertido
advierten	han advertido

Pretérito imperfecto	Pretérito pluscuamperfecto
advertía	había advertido
advertías	habías advertido
advertía	había advertido
advertíamos	habíamos advertido
advertíais	habíais advertido
advertían	habían advertido

66

Pret. perf. simple/indefinido	Pretérito anterior
advertí	hube advertido
advertiste	hubiste advertido
advirtió	hubo advertido
advertimos	hubimos advertido
advertisteis	hubisteis advertido
advirtieron	hubieron advertido

Futuro simple	Futuro compuesto
advertiré	habré advertido
advertirás	habrás advertido
advertirá	habrá advertido
advertiremos	habremos advertido
advertiréis	habréis advertido
advertirán	habrán advertido

Condicional simple	Condicional compuesto
advertiría	habría advertido
advertirías	habrías advertido
advertiría	habría advertido
advertiríamos	habríamos advertido
advertiríais	habríais advertido
advertirían	habrían advertido

SUBJUNTIVO

Presente	Pretérito perfecto
advierta	haya advertido
adviertas	hayas advertido
advierta	haya advertido
advirtamos	hayamos advertido
advirtáis	hayáis advertido
adviertan	hayan advertido

Pretérito imperfecto	Pretérito pluscuamperfecto
advirtiera/advirtiese	hubiera/hubiese advertido
advirtieras/advirtieses	hubieras/hubieses advertido
advirtiera/advirtiese	hubiera/hubiese advertido
advirtiéramos/advirtiésemos	hubiéramos/hubiésemos advertido
advirtierais/advirtieseis	hubierais/hubieseis advertido
advirtieran/advirtiesen	hubieran/hubiesen advertido

Futuro simple	*Futuro compuesto*
advirtiere	hubiere advertido
advirtieres	hubieres advertido
advirtiere	hubiere advertido
advirtiéremos	hubiéremos advertido
advirtiereis	hubiereis advertido
advirtieren	hubieren advertido

Imperativo

advierte	advertid
advierta	adviertan

Formas no personales

Infinitivo: advertir
Infinitivo compuesto: haber advertido
Gerundio: advirtiendo
Gerundio compuesto: habiendo advertido
Participio: advertido

afeblecerse_ irregular, se conjuga como 'compadecer'.
afianzar_ se conjuga como 'abalizar'.
afincar_ se conjuga como 'abanicar'.

•AFLIGIR: verbo regular, pero con una alteración, pues cambia la *g* en *j* ante *a, o*.

Presente de indicativo

aflijo	afligimos
afliges	afligís
aflige	afligen

Presente de subjuntivo

aflija	aflijamos
aflijas	aflijáis
aflija	aflijan

Imperativo

aflige	afligid
aflija	aflijan

Los restantes tiempos no tienen cambio g > j por lo que no presentan problema alguno, y siguen la conjugación regular (la de vivir).

• AFLUIR: irregular

INDICATIVO

Presente	**Pretérito perfecto compuesto**
afluyo	he afluido
afluyes	has afluido
afluye	ha afluido
afluimos	hemos afluido
afluís	habéis afluido
afluyen	han afluido

Pretérito imperfecto	**Pretérito pluscuamperfecto**
afluía	había afluido
afluías	habías afluido
afluía	había afluido
afluíamos	habíamos afluido
afluíais	habíais afluido
afluían	habían afluido

Pret. perf. simple/indefinido	**Pretérito anterior**
afluí	hube afluido
afluiste	hubiste afluido
afluyó	hubo afluido
afluimos	hubimos afluido
afluisteis	hubisteis afluido
afluyeron	hubieron afluido

SUBJUNTIVO

Presente	**Pretérito perfecto**
afluya	haya afluido
afluyas	hayas afluido
afluya	haya afluido
afluyamos	hayamos afluido
afluyáis	hayáis afluido
afluyan	hayan afluido

Pretérito imperfecto	**Pretérito pluscuamperfecto**
afluyera/afluyese	hubiera/hubiese afluido
afluyeras/afluyeses	hubieras/hubieses afluido
afluyera/afluyese	hubiera/hubiese afluido

afluyéramos/afluyésemos	hubiéramos/hubiésemos afluido
afluyerais/afluyeseis	hubierais/hubieseis afluido
afluyeran/afluyesen	hubieran/hubiesen afluido

Futuro simple	*Futuro compuesto*
afluyere	hubiere afluido
afluyeres	hubieres afluido
afluyere	hubiere afluido
afluyéremos	hubiéremos afluido
afluyereis	hubiereis afluido
afluyeren	hubieren afluido

Imperativo

| afluye | afluid |
| afluya | afluyan |

Formas no personales

Infinitivo: afluir
Infinitivo compuesto: haber afluido
Gerundio: afluyendo
Gerundio compuesto: habiendo afluido
Participio: afluido

afollar_ irregular, se conjuga como 'acordar'.
aforar_ irregular, se conjuga como 'acordar'.
aforcar_ regular, se conjuga como 'abanicar'.
africanizar_ regular, se conjuga como 'abalizar'.
agatizarse_ regular, se conjuga como 'abalizar'.
agorar_ irregular, se conjuga como 'acordar'.

•AGRADECER: irregular

INDICATIVO

Presente	*Pretérito perfecto compuesto*
agradezco	he agradecido
agradeces	has agradecido
agradece	ha agradecido
agradecemos	hemos agradecido
agradecéis	habéis agradecido
agradecen	han agradecido

Pretérito imperfecto	*Pretérito pluscuamperfecto*
agradecía	había agradecido
agradecías	habías agradecido
agradecía	había agradecido
agradecíamos	habíamos agradecido
agradecíais	habíais agradecido
agradecían	habían agradecido

Pret. perf. simple/indefinido	*Pretérito anterior*
agradecí	hube agradecido
agradeciste	hubiste agradecido
agradeció	hubo agradecido
agradecimos	hubimos agradecido
agradecisteis	hubisteis agradecido
agradecieron	hubieron agradecido

Futuro simple	*Futuro compuesto*
agradeceré	habré agradecido
agradecerás	habrás agradecido
agradecerá	habrá agradecido
agradeceremos	habremos agradecido
agradeceréis	habréis agradecido
agradecerán	habrán agradecido

Condicional simple	*Condicional compuesto*
agradecería	habría agradecido
agradecerías	habrías agradecido
agradecería	habría agradecido
agradeceríamos	habríamos agradecido
agradeceríais	habríais agradecido
agradecerían	habrían agradecido

Imperativo	
agradece	agradeced
agradezca	agradezcan

Formas no personales

Infinitivo: agradecer
Infinitivo compuesto: haber agradecido
Gerundio: agradeciendo

Gerundio compuesto: habiendo agradecido
Participio: agradecido

agrazar_ regular, se conjuga como 'abalizar'.
agudizar_ regular, se conjuga como 'abalizar'.

•AISLAR: regular, pero cambia la acentuación en algunas formas.

Presente de indicativo

aíslo	aislamos
aíslas	aisláis
aísla	aíslan

Presente de subjuntivo

aísle	aislemos
aísles	aisléis
aísles	aíslen

Imperativo

aísla	aislad
aísle	aíslen

alambicar_ regular, se conjuga como 'abanicar'.
alborozar_ regular, se conjuga como 'abalizar'.
alcanzar_ regular, se conjuga como 'abalizar'.
alcoholizar_ regular, se conjuga como 'abalizar'.
alebrarse_ irregular, se conjuga como 'acertar'.
alentar_ irregular, se conjuga como 'calentar'.
alfabetizar_ regular, se conjuga como 'abalizar'.

•ALIAR: regular, pero con alteración ortográfica.

Presente de indicativo

alío	aliamos
alías	aliáis
alía	alían

Presente de subjuntivo

alíe	aliemos
alíes	aliéis
alíe	alíen

Imperativo

alía	aliad
alíe	alíen

aliquebrar_ irregular, se conjuga como 'calentar'.
almadiar_ regular, se conjuga como 'aliar'.
almorzar_ regular, se conjuga como 'abalizar'.
altivecer_ irregular, se conjuga como 'compadecer'.
amanecer_ irregular, se conjuga como 'compadecer'. Verbo impersonal.
amarecer_ irregular, se conjuga como 'compadecer'.
amarillecer_ irregular, se conjuga como 'compadecer'.
amnistiar_ se conjuga como 'aliar'.
amoblar_ irregular, se conjuga como 'acordar'.
amohecer_ irregular, se conjuga como 'compadecer'.
amolar_ irregular se conjuga como 'acordar'.
amorecer_ irregular se conjuga como 'compadecer'.
amortecer_ irregular, se conjuga como 'compadecer'.
amover_ irregular, se conjuga como 'mover'.
ampliar_ se conjuga como 'aliar'.

•ANDAR: irregular

INDICATIVO

Presente	Pretérito perfecto compuesto
ando	he andado
andas	has andado
anda	ha andado
andamos	hemos andado
andáis	habéis andado
andan	han andado

Pretérito imperfecto	Pretérito pluscuamperfecto
andaba	había andado
andabas	habías andado
andaba	había andado
andábamos	habíamos andado
andabais	habíais andado
andaban	habían andado

Pret. perf. simple/indefinido	Pretérito anterior
anduve	hube andado
anduviste	hubiste andado
anduvo	hubo andado
anduvimos	hubimos andado
anduvisteis	hubisteis andado
anduvieron	hubieron andado

Futuro simple	Futuro compuesto
andaré	habré andado
andarás	habrás andado
andará	habrá andado
andaremos	habremos andado
andaréis	habréis andado
andarán	habrán andado

Condicional simple	Condicional compuesto
andaría	habría andado
andarías	habrías andado
andaría	habría andado
andaríamos	habríamos andado
andaríais	habríais andado
andarían	habrían andado

SUBJUNTIVO

Presente	Pretérito perfecto
ande	haya andado
andes	hayas andado
ande	haya andado
andemos	hayamos andado
andéis	hayáis andado
anden	hayan andado

Pretérito imperfecto	Pretérito pluscuamperfecto
anduviera/anduviese	hubiera/hubiese andado
anduvieras/anduvieses	hubieras/hubieses andado
anduviera/anduviese	hubiera/hubiese andado
anduviéramos/anduviésemos	hubiéramos/hubiésemos andado
anduvierais/anduvieseis	hubierais/hubieseis andado
anduvieran/anduviesen	hubieran/hubiesen andado

Futuro simple	*Futuro compuesto*
anduviere	hubiere andado
anduvieres	hubieres andado
anduviere	hubiere andado
anduviéremos	hubiéremos andado
anduviereis	hubiereis andado
anduvieren	hubieren andado

Imperativo

anda	andad
ande	anden

Formas no personales

Infinitivo: andar
Infinitivo compuesto: haber andado
Gerundio: andando
Gerundio compuesto: habiendo andado
Participio: andado

anochecer_ verbo impersonal y también irregular, que se conjuga como 'adolecer'.

ansiar_ regular, se conjuga como 'aliar' (también como 'amar' aunque es menos usual).

antagonizar_ regular, se conjuga como 'abalizar'.

anteponer_ irregular, se conjuga como 'poner'.

apacentar_ irregular, se conjuga como 'calentar'.

aparecer_ irregular, se conjuga como 'compadecer'.

apernar_ irregular, se conjuga como 'calentar'.

apetecer_ irregular, se conjuga como 'compadecer'.

aplacer_ irregular, se conjuga como 'compadecer'.

aponer_ irregular, se conjuga como 'poner'. Participio irregular: antepuesto.

apostar_ irregular, se conjuga como 'acordar'.

•ARGÜIR: irregular

INDICATIVO

Presente	*Pretérito perfecto compuesto*
arguyo	he argüido
arguyes	has argüido
arguye	ha argüido

argüimos	hemos argüido
argüís	habéis argüido
arguyen	han argüido

Pretérito imperfecto	*Pretérito pluscuamperfecto*
argüía	había argüido
argüías	habías argüido
argüía	había argüido
argüíamos	habíamos argüido
argüíais	habíais argüido
argüían	habían argüido

Pret. perf. simple/indefinido	*Pretérito anterior*
argüí	hube argüido
argüiste	hubiste argüido
arguyó	hubo argüido
argüimos	hubimos argüido
argüisteis	hubisteis argüido
arguyeron	hubieron argüido

Futuro simple	*Futuro compuesto*
argüiré	habré argüido
argüirás	habrá argüido
argüirá	habrá argüido
argüiremos	habremos argüido
argüiréis	habréis argüido
argüirán	habrán argüido

Condicional simple	*Condicional compuesto*
argüiría	habría argüido
argüirías	habrías argüido
argüiría	habría argüido
argüiríamos	habríamos argüido
argüiríais	habríais argüido
argüirían	habrían argüido

SUBJUNTIVO

Presente	*Pretérito perfecto*
arguya	haya argüido
arguyas	hayas argüido

arguya   haya argüido
arguyamos   hayamos argüido
arguyáis   hayáis argüido
arguyan   hayan argüido

Pretérito imperfecto   ### Pretérito pluscuamperfecto

arguyera/arguyese   hubiera/hubiese argüido
arguyeras/arguyeses   hubieras/hubieses argüido
arguyera/arguyese   hubiera/hubiese argüido
arguyéramos/arguyésemos   hubiéramos/hubiésemos argüido
arguyerais/arguyeseis   hubierais/hubieseis argüido
arguyeran/arguyesen   hubieran/hubiesen argüido

Futuro simple   ### Futuro compuesto

arguyere   hubiere argüido
arguyeres   hubieres argüido
arguyere   hubiere argüido
arguyéremos   hubiéremos argüido
arguyereis   hubiereis argüido
arguyeren   hubieren argüido

Formas no personales

Infinitivo: argüir
Infinitivo compuesto: haber argüido
Gerundio: arguyendo
Gerundio compuesto: habiendo argüido
Participio: argüido

aridecer_ irregular, se conjuga como 'compadecer'.
arrendar_ irregular, se conjuga como 'calentar'.
arrepentirse_ se conjuga como 'adherir'.
arriar_ regular, se conjuga como 'aliar'.
ascender_ irregular, se conjuga como 'tender'.
asentar_ irregular, se conjuga como 'calentar'.
asentir_ irregular, se conjuga como 'adherir'.
aserrar_ irregular, se conjuga como 'calentar'.

•ASIR: irregular

INDICATIVE — *INDICATIVO*

Presente	*Pretérito perfecto compuesto*
asgo	he asido
ases	has asido
ase	ha asido
asimos	hemos asido
asís	habéis asido
asen	han asido

Pretérito imperfecto	*Pretérito pluscuamperfecto*
asía	había asido
asías	habías asido
asía	había asido
asíamos	habíamos asido
asíais	habíais asido
asían	habían asido

Pret. perf. simple/indefinido	*Pretérito anterior*
así	hube asido
asiste	hubiste asido
asió	hubo asido
asimos	hubimos asido
asisteis	hubisteis asido
asieron	hubieron asido

Futuro simple	*Futuro compuesto*
asiré	habré asido
asirás	habrás asido
asirá	habrá asido
asiremos	habremos asido
asiréis	habréis asido
asirán	habrán asido

Condicional simple	*Condicional compuesto*
asiría	habría asido
asirías	habrías asido
asiría	habría asido
asiríamos	habríamos asido
asiríais	habríais asido
asirían	habrían asido

SUBJUNTIVO

Presente

Presente	Pretérito perfecto
asga	haya asido
asgas	hayas asido
asga	haya asido
asgamos	hayamos asido
asgáis	hayáis asido
asgan	hayan asido

Pretérito imperfecto / Pretérito pluscuamperfecto

Pretérito imperfecto	Pretérito pluscuamperfecto
asiera/asiese	hubiera/hubiese asido
asieras/asieses	hubieras/hubieses asido
asiera/asiese	hubiera/hubiese asido
asiéramos/asiésemos	hubiéramos/hubiésemos asido
asierais/asieseis	hubierais/hubieseis asido
asieran/asiesen	hubieran/hubiesen asido

Futuro simple / Futuro compuesto

Futuro simple	Futuro compuesto
asiere	hubiere asido
asieres	hubieres asido
asiere	hubiere asido
asiéremos	hubiéremos asido
asiereis	hubiereis asido
asieren	hubieren asido

Imperativo

ase	asid
asga	asgan

Formas no personales

Infinitivo: asir
Infinitivo compuesto: haber asido
Gerundio: asiendo
Participio compuesto: habiendo asido
Participio: asido

asoldar_ irregular, se conjuga como 'acordar'.
asonar_ irregular, se conjuga como 'acordar'.
aspaventar_ irregular, se conjuga como 'calentar'.
astreñir_ irregular, se conjuga como 'reñir'.

•ATAÑER: irregular. Sólo se conjuga en tercera persona del singular y tercera persona del plural.

INDICATIVO

Presente	*Pretérito perfecto compuesto*
-	-
-	-
atañe	ha atañido
-	-
-	-
atañen	han atañido

Pretérito imperfecto	*Pretérito pluscuamperfecto*
-	-
-	-
atañía	había atañido
-	-
-	-
atañían	habían atañido

Pret. perf. simple/indefinido	*Pretérito anterior*
-	-
-	-
atañó	hubo atañido
-	-
-	-
atañeron	hubieron atañido

Futuro simple	*Futuro compuesto*
-	-
-	-
atañerá	habrá atañido
-	-
-	-
atañerán	habrán atañido

Condicional simple	*Condicional compuesto*
-	-
-	-

atañería	habría atañido
-	-
-	-
atañerían	habrían atañido

SUBJUNTIVO

Presente	*Pretérito perfecto*
-	-
-	-
ataña	haya atañido
-	-
-	-
atañan	hayan atañido

Pretérito imperfecto	*Pretérito pluscuamperfecto*
-	-
-	-
atañera/atañese	hubiera/hubiese atañido
-	-
-	-
atañeran/atañesen	hubieran/hubiesen atañido

Futuro simple	*Futuro compuesto*
-	-
-	-
atañere	hubiere atañido
-	-
-	-
atañeren	hubieren atañido

Imperativo

ataña	atañan

Formas no personales

Infinitivo: atañer
Infinitivo compuesto: haber atañido
Gerundio: atañendo
Gerundio compuesto: habiendo atañido
Participio: atañido

atardecer_ verbo impersonal e irregular, se conjuga como 'compadecer'.

ataviar_ regular, se conjuga como 'aliar'.

atender_ irregular, se conjuga como 'tender'. Dos participios: regular: atendido; irregular: atento.

atener_ irregular, se conjuga como 'tener'.

atenuar_ se conjuga como 'actuar'.

•ATERIR: sigue la conjugación regular, pero es defectivo y sólo se conjuga en algunas formas.

INDICATIVO

Presente	Pretérito perfecto compuesto
-	he aterido
-	has aterido
-	ha aterido
aterimos	hemos aterido
aterís	habéis aterido
-	han aterido

Pretérito imperfecto	Pretérito pluscuamperfecto
atería	había aterido
aterías	habías aterido
atería	había aterido
ateríamos	habíamos aterido
ateríais	habíais aterido
aterían	habían aterido

Pret. perf. simple/indefinido	Pretérito anterior
aterí	hube aterido
ateriste	hubiste aterido
aterió	hubo aterido
aterimos	hubimos aterido
ateristeis	hubisteis aterido
aterieron	hubieron aterido

Futuro simple	Futuro compuesto
ateriré	habré aterido
aterirás	habrás aterido
aterirá	habrá aterido
ateriremos	habremos aterido

ateriréis	habréis aterido
aterirán	habrán aterido

Condicional simple	*Condicional compuesto*
ateriría	habría aterido
aterirías	habrías aterido
ateriría	habría aterido
ateriríamos	habríamos aterido
ateriríais	habríais aterido
aterirían	habrían aterido

SUBJUNTIVO

Presente	*Pretérito perfecto*
-	haya aterido
-	hayas aterido
-	haya aterido
-	hayamos aterido
-	hayáis aterido
-	hayan aterido

Pretérito imperfecto	*Pretérito pluscuamperfecto*
ateriera/ateriese	hubiera/hubiese aterido
aterieras/aterieses	hubieras/hubieses aterido
ateriera/ateriese	hubiera/hubiese aterido
ateriéramos/ateriésemos	hubiéramos/hubiésemos aterido
aterierais/aterieseis	hubierais/hubieseis aterido
aterieran/ateriesen	hubieran/hubiesen aterido

Futuro simple	*Futuro compuesto*
ateriere	hubiere aterido
aterieres	hubieres aterido
ateriere	hubiere aterido
ateriéremos	hubiéremos aterido
ateriereis	hubiereis aterido
aterieren	hubieren aterido

Imperativo

-	aterid
-	-

Formas no personales

Infinitivo: aterir
Infinitivo compuesto: haber aterido
Gerundio: ateriendo
Gerundio compuesto: habiendo aterido
Participio: aterido

atraer_ irregular, se conjuga como 'traer'.
atravesar_ irregular, se conjuga como 'calentar'.
atribuir_ irregular, se conjuga como 'afluir'.
atronar_ irregular, se conjuga como 'acordar'.
aullar_ regular, se conjuga como 'aunar'.

•AUNAR: regular, pero la acentuación en algunos tiempos puede dar lugar a dudas.

Presente de indicativo

aúno	aunamos
aúnas	aunáis
aúna	aúnan

Presente de subjuntivo

aúne	aunemos
aúnes	aunéis
aúne	aúnen

Los restantes tiempos llevan la acentuación de los verbos regulares.

aupar_ se conjuga como 'aunar'.
autenticar_ se conjuga como 'abanicar'.
autentificar_ regular, se conjuga como 'abanicar'.
autografiar_ regular, se conjuga como 'aliar'.
autoinducir_ irregular, se conjuga como 'conducir'.
automatizar_ regular, se conjuga como 'abalizar'.
autorizar_ regular, se conjuga como 'abalizar'.
avanecerse_ irregular, se conjuga como 'compadecer'.
avanzar_ regular, se conjuga como 'abalizar'.
avenir_ irregular, se conjuga como 'venir'.
aventar_ irregular, se conjuga como 'calentar'.
avergonzar_ irregular, se conjuga como 'acordar'.
averiar_ regular, se conjuga como 'aliar'.

B

balizar_ regular, se conjuga como 'abalizar'.
banalizar_ regular, se conjuga como 'abalizar'.
barnizar_ regular, se conjuga como 'abalizar'.
bautizar_ regular, se conjuga como 'abalizar'.
beatificar_ regular, se conjuga como 'abanicar'.
becar_ regular, se conjuga como 'abanicar'.

•BENDECIR: irregular

INDICATIVO

Presente	*Pretérito perfecto compuesto*
bendigo	he bendecido
bendices	has bendecido
bendice	ha bendecido
bendecimos	hemos bendecido
bendecís	habéis bendecido
bendicen	han bendecido

Pretérito imperfecto	*Pretérito pluscuamperfecto*
bendecía	había bendecido
bendecías	habías bendecido
bendecía	había bendecido
bendecíamos	habíamos bendecido
bendecíais	habíais bendecido
bendecían	habían bendecido

Pret. perf. simple/indefinido	*Pretérito anterior*
bendije	hube bendecido
bendijiste	hubiste bendecido
bendijo	hubo bendecido
bendijimos	hubimos bendecido
bendijisteis	hubisteis bendecido
bendijeron	hubieron bendecido

Futuro simple	*Futuro compuesto*
bendeciré	habré bendecido
bendecirás	habrás bendecido
bendecirá	habrá bendecido
bendeciremos	habremos bendecido

bendeciréis
bendecirán

Condicional simple

bendeciría
bendecirías
bendeciría
bendeciríamos
bendeciríais
bendecirían

Condicional compuesto

habréis bendecido
habrán bendecido

habría bendecido
habrías bendecido
habría bendecido
habríamos bendecido
habríais bendecido
habrían bendecido

SUBJUNTIVO

Presente

bendiga
bendigas
bendiga
bendigamos
bendigáis
bendigan

Pretérito perfecto

haya bendecido
hayas bendecido
haya bendecido
hayamos bendecido
hayáis bendecido
hayan bendecido

Pretérito imperfecto

bendijera/bendijese
bendijeras/bendijeses
bendijera/bendijese
bendijéramos/bendijésemos

bendijerais/bendijeseis
bendijeran/bendijesen

Pretérito pluscuamperfecto

hubiera/hubiese bendecido
hubieras/hubieses bendecido
hubiera/hubiese bendecido
hubiéramos/hubiésemos
    bendecido
hubierais/hubieseis bendecido
hubieran/hubiesen bendecido

Futuro simple

bendijere
bendijeres
bendijere
bendijéremos
bendijereis
bendijeren

Futuro compuesto

hubiere bendecido
hubieres bendecido
hubiere bendecido
hubiéremos bendecido
hubiereis bendecido
hubieren bendecido

Imperativo

bendice
bendiga

bendecid
bendigan

Formas no personales

Infinitivo: bendecir
Infinitivo compuesto: haber bendecido
Gerundio: bendiciendo
Gerundio compuesto: habiendo bendecido
Participio: bendecido/bendito

biografiar_ regular, se conjuga como 'aliar'.
blanquecer_ irregular, se conjuga como 'compadecer'.
bocezar_ regular, se conjuga como 'abalizar'.
bonificar_ regular, se conjuga como 'abanicar'.
bostezar_ regular, se conjuga como 'abalizar'.
brincar_ regular, se conjuga como 'abanicar'.
bruñir_ irregular, se conjuga como 'mullir'.
bullir_ irregular, se conjuga como 'mullir'.
buscar_ regular, se conjuga como 'abanicar'.

C

•CABER: irregular

INDICATIVO

Presente	*Pretérito perfecto compuesto*
quepo	he cabido
cabes	has cabido
cabe	ha cabido
cabemos	hemos cabido
cabéis	habéis cabido
caben	han cabido

Pretérito imperfecto	*Pretérito pluscuamperfecto*
cabía	había cabido
cabías	habías cabido
cabía	había cabido
cabíamos	habíamos cabido
cabíais	habíais cabido
cabían	habían cabido

Pret. perf. simple/indefinido	*Pretérito anterior*
cupe	hube cabido
cupiste	hubiste cabido

cupo	hubo cabido
cupimos	hubimos cabido
cupisteis	hubisteis cabido
cupieron	hubieron cabido

Futuro simple	*Futuro compuesto*
cabré	habré cabido
cabrás	habrás cabido
cabrá	habrá cabido
cabremos	habremos cabido
cabréis	habréis cabido
cabrán	habrán cabido

Condicional simple	*Condicional compuesto*
cabría	habría cabido
cabrías	habrías cabido
cabría	habría cabido
cabríamos	habríamos cabido
cabríais	habríais cabido
cabrían	habrían cabido

SUBJUNTIVO

Presente	*Pretérito perfecto*
quepa	haya cabido
quepa	hayas cabido
quepa	haya cabido
quepamos	hayamos cabido
quepáis	hayáis cabido
quepan	hayan cabido

Pretérito imperfecto	*Pretérito pluscuamperfecto*
cupiera/cupiese	hubiera/hubiese cabido
cupieras/cupieses	hubieras/hubieses cabido
cupiera/cupiese	hubiera/hubiese cabido
cupiéramos/cupiésemos	hubiéramos/hubiésemos cabido
cupierais/cupieseis	hubierais/hubieseis cabido
cupieran/cupiesen	hubieran/hubiesen cabido

Futuro simple	*Futuro compuesto*
cupiere	hubiere cabido
cupieres	hubieres cabido

cupiere	hubiere cabido
cupiéremos	hubiéremos cabido
cupiereis	hubiereis cabido
cupieren	hubieren cabido

Imperativo

| cabe | cabed |
| quepa | quepan |

Formas no personales

Infinitivo: caber
Infinitivo compuesto: haber cabido
Gerundio: cabiendo
Gerundio compuesto: habiendo cabido
Participio: cabido

cablegrafiar_ regular, se conjuga como 'aliar'.
caducar_ regular, se conjuga como 'abanicar'.

•CAER: irregular

INDICATIVO

Presente	Pretérito perfecto compuesto
caigo	he caído
caes	has caído
cae	ha caído
caemos	hemos caído
caéis	habéis caído
caen	han caído

Pretérito imperfecto	Pretérito pluscuamperfecto
caía	había caído
caías	habías caído
caía	había caído
caíamos	habíamos caído
caíais	habíais caído
caían	habían caído

Pret. perf. simple/indefinido	Pretérito anterior
caí	hube caído
caíste	hubiste caído

cayó	hubo caído
caímos	hubimos caído
caísteis	hubisteis caído
cayeron	hubieron caído

Futuro simple	*Futuro compuesto*
caeré	habré caído
caerás	habrás caído
caerá	habrá caído
caeremos	habremos caído
caeréis	habréis caído
caerán	habrán caído

Condicional simple	*Condicional compuesto*
caería	habría caído
caerías	habrías caído
caería	habría caído
caeríamos	habríamos caído
caeríais	habríais caído
caerían	habrían caído

SUBJUNTIVO

Presente	*Pretérito perfecto*
caiga	haya caído
caigas	hayas caído
caiga	haya caído
caigamos	hayamos caído
caigáis	hayáis caído
caigan	hayan caído

Pretérito imperfecto	*Pretérito pluscuamperfecto*
cayera/cayese	hubiera/hubiese caído
cayeras/cayeses	hubieras/hubieses caído
cayera/cayese	hubiera/hubiese caído
cayéramos/cayésemos	hubiéramos/hubiésemos caído
cayerais/cayeseis	hubierais/hubieseis caído
cayeran/cayesen	hubieran/hubiesen caído

Futuro simple	*Futuro compuesto*
cayere	hubiere caído
cayeres	hubieres caído

cayere	hubiere caído
cayéremos	hubiéremos caído
cayereis	hubiereis caído
cayeren	hubieren caído

Imperativo

cae	caed
caiga	caigan

Formas no personales

Infinitivo: caer
Infinitivo compuesto: haber caído
Gerundio: cayendo
Gerundio compuesto: habiendo caído
Participio: caído

calcar_ regular, se conjuga como 'abanicar'.
calcificar_ regular, se conjuga como 'abanicar'.
calcografiar_ regular, se conjuga como 'aliar'.
calcular_ regular, se conjuga como 'abanicar'.

•CALENTAR: irregular

INDICATIVO

Presente	*Pretérito perfecto compuesto*
caliento	he calentado
calientas	has calentado
calienta	ha calentado
calentamos	hemos calentado
calentáis	habéis calentado
calientan	han calentado

Pretérito imperfecto	*Pretérito pluscuamperfecto*
calentaba	había calentado
calentabas	habías calentado
calentaba	había calentado
calentábamos	habíamos calentado
calentabais	habíais calentado
calentaban	habían calentado

Pret. perf. simple/indefinido	Pretérito anterior
calenté	hube calentado
calentaste	hubiste calentado
calentó	hubo calentado
calentamos	hubimos calentado
calentasteis	hubisteis calentado
calentaron	hubieron calentado

Futuro simple	Futuro compuesto
calentaré	habré calentado
calentarás	habrás calentado
calentará	habrá calentado
calentaremos	habremos calentado
calentaréis	habréis calentado
calentarán	habrán calentado

Condicional simple	Condicional compuesto
calentaría	habría calentado
calentarías	habrías calentado
calentaría	habría calentado
calentaríamos	habríamos calentado
calentaríais	habríais calentado
calentarían	habrían calentado

SUBJUNTIVO

Presente	Pretérito perfecto
caliente	haya calentado
calientes	hayas calentado
caliente	haya calentado
calentemos	hayamos calentado
calentéis	hayáis calentado
calienten	hayan calentado

Pretérito imperfecto	Pretérito pluscuamperfecto
calentara/calentase	hubiera/hubiese calentado
calentaras/calentases	hubieras/hubieses calentado
calentara/calentase	hubiera/hubiese calentado
calentáramos/calentásemos	hubiéramos/hubiésemos calentado
calentarais/calentaseis	hubierais/hubieseis calentado
calentaran/calentasen	hubieran/hubiesen calentado

Futuro simple	*Futuro compuesto*
calentare	hubiere calentado
calentares	hubieres calentado
calentare	hubiere calentado
calentáremos	hubiéremos calentado
calentareis	hubiereis calentado
calentaren	hubieren calentado

Imperativo

calienta	calentad
caliente	calienten

Formas no personales

Infinitivo: calentar
Infinitivo compuesto: haber calentado
Gerundio: calentando
Gerundio compuesto: habiendo calentado
Participio: calentado

calificar_ regular, se conjuga como 'abanicar'.
calzar_ regular, se conjuga como 'abalizar'.
canalizar_ regular, se conjuga como 'abalizar'.
canonizar_ regular, se conjuga como 'abalizar'.
capitalizar_ regular, se conjuga como 'abalizar'.
caracterizar_ regular, se conjuga como 'abalizar'.
carbonizar_ regular, se conjuga como 'abalizar'.
carecer_ irregular, se conjuga como 'compadecer'.
caricaturizar_ regular, se conjuga como 'abalizar'.
cartografiar_ regular, se conjuga como 'aliar'.
cascar_ regular, se conjuga como 'abanicar'.
castellanizar_ regular, se conjuga como 'abalizar'.
catalanizar_ regular, se conjuga como 'abalizar'.
catalizar_ regular, se conjuga como 'abalizar'.
categorizar_ regular, se conjuga como 'abalizar'.
catequizar_ regular, se conjuga como 'abalizar'.
catolizar_ regular, se conjuga como 'abalizar'.
cauterizar_ regular, se conjuga como 'abalizar'.
cazar_ regular, se conjuga como 'abalizar'.
cegar_ irregular, se conjuga como 'denegar'.
centralizar_ regular, se conjuga como 'abalizar'.
centuplicar_ regular, se conjuga como 'abanicar'.

•CEÑIR: irregular

INDICATIVO

Presente	*Pretérito perfecto compuesto*
ciño	he ceñido
ciñes	has ceñido
ciñe	ha ceñido
ceñimos	hemos ceñido
ceñís	habéis ceñido
ciñen	han ceñido

Pretérito imperfecto	*Pretérito pluscuamperfecto*
ceñía	había ceñido
ceñías	habías ceñido
ceñía	había ceñido
ceñíamos	habíamos ceñido
ceñíais	habíais ceñido
ceñían	habían ceñido

Pret. perf. simple/indefinido	*Pretérito anterior*
ceñí	hube ceñido
ceñiste	hubiste ceñido
ciñó	hubo ceñido
ceñimos	hubimos ceñido
ceñisteis	hubisteis ceñido
ciñeron	hubieron ceñido

Futuro simple	*Futuro compuesto*
ciñere	hubiere ceñido
ciñeres	hubieres ceñido
ciñere	hubiere ceñido
ciñéremos	hubiéremos ceñido
ciñereis	hubiereis ceñido
ciñeren	hubieren ceñido

Condicional simple	*Condicional compuesto*
ceñiría	habría ceñido
ceñirías	habrías ceñido
ceñiría	habría ceñido
ceñiríamos	habríamos ceñido

ceñiríais   habríais ceñido
ceñirían   habrían ceñido

SUBJUNTIVO

Presente	Pretérito perfecto
ciña	haya ceñido
ciñas	hayas ceñido
ciña	haya ceñido
ciñamos	hayamos ceñido
ciñáis	hayáis ceñido
ciñan	hayan ceñido

Pretérito imperfecto	Pretérito pluscuamperfecto
ciñera/ciñese	hubiera/hubiese ceñido
ciñeras/ciñeses	hubieras/hubieses ceñido
ciñera/ciñese	hubiera/hubiese ceñido
ciñéramos/ciñésemos	hubiéramos/hubiésemos ceñido
ciñerais/ciñeseis	hubierais/hubieseis ceñido
ciñeran/ciñesen	hubieran/hubiesen ceñido

Futuro simple	Futuro compuesto
ciñere	hubiere ceñido
ciñeres	hubieres ceñido
ciñere	hubiere ceñido
ciñéremos	hubiéremos ceñido
ciñereis	hubiereis ceñido
ciñeren	hubieren ceñido

Imperativo	
ciñe	ceñid
ciña	ciñan

Formas no personales

Infinitivo: ceñir
Infinitivo compuesto: haber ceñido
Gerundio: ciñendo
Gerundio compuesto: habiendo ceñido
Participio: ceñido

cercar_ regular, se conjuga como 'abanicar'.
cerner_ irregular, se conjuga como 'tender'.

•CERNIR: irregular

INDICATIVO

Presente	*Pretérito perfecto compuesto*
cierno	he cernido
ciernes	has cernido
cierne	ha cernido
cernimos	hemos cernido
cernís	habéis cernido
ciernen	han cernido

Pretérito imperfecto	*Pretérito pluscuamperfecto*
cernía	había cernido
cernías	habías cernido
cernía	había cernido
cerníamos	habíamos cernido
cerníais	habíais cernido
cernían	habían cernido

Pret. perf. simple/indefinido	*Pretérito anterior*
cerní	hube cernido
cerniste	hubiste cernido
cernió	hubo cernido
cernimos	hubimos cernido
cernisteis	hubisteis cernido
cernieron	hubieron cernido

Futuro simple	*Futuro compuesto*
cerniré	habré cernido
cernirás	habrás cernido
cernirá	habrá cernido
cerniremos	habremos cernido
cerniréis	habréis cernido
cernirán	habrán cernido

SUBJUNTIVO

Presente	*Pretérito perfecto*
cierna	haya cernido
ciernas	hayas cernido

96

cierna	haya cernido
cernamos	hayamos cernido
cernáis	hayáis cernido
ciernan	hayan cernido

Pretérito imperfecto

Pretérito pluscuamperfecto

cerniera/cerniese	hubiera/hubiese cernido
cernieras/cernieses	hubieras/hubieses cernido
cerniera/cerniese	hubiera/hubiese cernido
cerniéramos/cerniésemos	hubiéramos/hubiésemos cernido
cernierais/cernieseis	hubierais/hubieseis cernido
cernieran/cerniesen	hubieran/hubiesen cernido

Futuro simple

Futuro compuesto

cerniere	hubiere cernido
cernieres	hubieres cernido
cerniere	hubiere cernido
cerniéremos	hubiéremos cernido
cerniereis	hubiereis cernido
cernieren	hubieren cernido

Imperativo

| cierne | cernid |
| cierna | ciernan |

Formas no personales

Infinitivo simple: cernir
Infinitivo compuesto: haber cernido
Gerundio simple: cerniendo
Gerundio compuesto: habiendo cernido
Participio: cernido

•CERRAR: irregular

INDICATIVO

Presente

Pretérito perfecto compuesto

cierro	he cerrado
cierras	has cerrado
cierra	ha cerrado
cerramos	hemos cerrado
cerráis	habéis cerrado
cierran	han cerrado

Pretérito imperfecto	*Pretérito pluscuamperfecto*
cerraba	había cerrado
cerrabas	habías cerrado
cerraba	había cerrado
cerrábamos	habíamos cerrado
cerrabais	habíais cerrado
cerraban	habían cerrado

Futuro simple	*Futuro compuesto*
cerraré	habré cerrado
cerrarás	habrás cerrado
cerrará	habrá cerrado
cerraremos	habremos cerrado
cerraréis	habréis cerrado
cerrarán	habrán cerrado

Condicional simple	*Condicional compuesto*
cerraría	habría cerrado
cerrarías	habrías cerrado
cerraría	habría cerrado
cerraríamos	habríamos cerrado
cerraríais	habríais cerrado
cerrarían	habrían cerrado

SUBJUNTIVO

Presente	*Pretérito perfecto*
cierre	haya cerrado
cierres	hayas cerrado
cierre	haya cerrado
cerremos	hayamos cerrado
cerréis	hayáis cerrado
cierren	hayan cerrado

Futuro simple	*Futuro compuesto*
cerrare	hubiere cerrado
cerrares	hubieres cerrado
cerrare	hubiere cerrado
cerráremos	hubiéremos cerrado
cerrareis	hubiereis cerrado
cerraren	hubieren cerrado

Imperativo

cierra	cerrad
cierre	cierren

Formas no personales

Infinitivo: cerrar
Infinitivo compuesto: haber cerrado
Gerundio: cerrando
Gerundio compuesto: habiendo cerrado
Participio: cerrado

ciar_- regular, se conjuga como 'aliar'.
cicatrizar_ regular, se conjuga como 'abalizar'.
cinematografiar_ regular, se conjuga como 'aliar'.
circuir_ irregular, se conjuga como 'afluir'.
circunferir_ irregular, se conjuga como 'adherir'.
circunscribir_ regular, con participio irregular: circunscrito.
circunvolar_ irregular, se conjuga como 'acordar'.
civilizar_ regular, se conjuga como 'abalizar'.
clarificar_ regular, se conjuga como 'abanicar'.
claudicar_ regular, se conjuga como 'abanicar'.
climatizar_ regular, se conjuga como 'abalizar'.
clocar_ irregular, se conjuga como 'volcar'.

•COCER: irregular

INDICATIVO

Presente	Pretérito perfecto compuesto
cuezo	he cocido
cueces	has cocido
cuece	ha cocido
cocemos	hemos cocido
cocéis	habéis cocido
cuecen	han cocido

Pretérito imperfecto	Pretérito pluscuamperfecto
cocía	había cocido
cocías	habías codido
cocía	había cocido
cocíamos	habíamos cocido
cocíais	habíais cocido
cocían	habían cocido

99

Pret. perf. simple/indefinido	Pretérito anterior
cocí	hube cocido
cociste	hubiste cocido
coció	hubo cocido
cocimos	hubimos cocido
cocisteis	hubisteis cocido
cocieron	hubieron cocido

Futuro simple	Futuro compuesto
coceré	habré cocido
cocerás	habrás cocido
cocerá	habrá cocido
coceremos	habremos cocido
coceréis	habréis cocido
cocerán	habrán cocido

Condicional simple	Condicional compuesto
cocería	habría cocido
cocerías	habrías cocido
cocería	habría cocido
coceríamos	habríamos cocido
coceríais	habríais cocido
cocerían	habrían cocido

SUBJUNTIVO

Presente	Pretérito perfecto
cueza	haya cocido
cuezas	hayas cocido
cueza	haya cocido
cozamos	hayamos cocido
cozáis	hayáis cocido
cuezan	hayan cocido

Pretérito imperfecto	Pretérito pluscuamperfecto
cociera/cociese	hubiera/hubiese cocido
cocieras/cocieses	hubieras/hubieses cocido
cociera/cociese	hubiera/hubiese cocido
cociéramos/cociésemos	hubiéramos/hubiésemos cocido
cocierais/cocieseis	hubierais/hubieseis cocido
cocieran/cociesen	hubieran/hubiesen cocido

Futuro simple	Futuro compuesto
cociere	hubiere cocido
cocieres	hubieres cocido
cociere	hubiere cocido
cociéremos	hubiéremos cocido
cociereis	hubiereis cocido
cocieren	hubieren cocido

Imperativo

cuece	coced
cueza	cuezan

Formas no personales

Infinitivo: cocer
Infinitivo compuesto: haber cocido
Gerundio: cocido
Gerundio compuesto: habiendo cocido
Participio: cocido

codificar_ regular, se conjuga como 'abanicar'.
coextenderse_ irregular, se conjuga como 'tender'.

•COLAR: irregular

INDICATIVO

Presente	Pretérito perfecto compuesto
cuelo	he colado
cuelas	has colado
cuela	ha colado
colamos	hemos colado
coláis	habéis colado
cuelan	han colado

Pretérito imperfecto	Pretérito pluscuamperfecto
colaba	había colado
colabas	habías colado
colaba	había colado
colábamos	habíamos colado
colabais	habíais colado
colaban	habían colado

Futuro simple	Futuro compuesto
colaré	habré colado
colarás	habrás colado
colará	habrá colado
colaremos	habremos colado
colaréis	habréis colado
colarán	habrán colado

Condicional simple	Condicional compuesto
colaría	habría colado
colarías	habrías colado
colaría	habría colado
colaríamos	habríamos colado
colaríais	habríais colado
colarían	habrían colado

SUBJUNTIVO

Presente	Pretérito perfecto
cuele	haya colado
cueles	hayas colado
cuele	haya colado
colemos	hayamos colado
coléis	hayáis colado
cuelen	hayan colado

Pretérito imperfecto	Pretérito pluscuamperfecto
colara/colase	hubiera/hubiese colado
colaras/colases	hubieras/hubieses colado
colara/colase	hubiera/hubiese colado
coláramos/colásemos	hubiéramos/hubiésemos colado
colarais/colaseis	hubierais/hubieseis colado
colaran/colasen	hubieran/hubiesen colado

Futuro simple	Futuro compuesto
colare	hubiere colado
colares	hubieres colado
colare	hubiere colado
coláremos	hubiéremos colado
colareis	hubiereis colado
colaren	hubieren colado

cuela	colad
cuele	cuelen

Formas no personales

Infinitivo: colar
Infinitivo compuesto: haber colado
Gerundio: colando
Gerundio compuesto: habiendo colado
Participio: colado

•COLEGIR: irregular

INDICATIVO

Presente	Pretérito perfecto compuesto
colijo	he colegido
coliges	has colegido
colige	ha colegido
colegimos	hemos colegido
colegís	habéis colegido
coligen	han colegido

Pretérito imperfecto	Pretérito pluscuamperfecto
colegía	había colegido
colegías	habías colegido
colegía	había colegido
colegíamos	habíamos colegido
colegíais	habíais colegido
colegían	habían colegido

Futuro simple	Futuro compuesto
colegiré	habré colegido
colegirás	habrás colegido
colegirá	habrá colegido
colegiremos	habremos colegido
colegiréis	habréis colegido
colegirán	habrán colegido

Condicional simple	Condicional compuesto
colegiría	habría colegido
colegirías	habrías colegido

colegiría	habría colegido
colegiríamos	habríamos colegido
colegiríais	habríais colegido
colegirían	habrían colegido

SUBJUNTIVO

Presente	*Pretérito perfecto*
colija	haya colegido
colijas	hayas colegido
colija	haya colegido
colijamos	hayamos colegido
colijáis	hayáis colegido
colijan	hayan colegido

Pretérito imperfecto	*Pretérito pluscuamperfecto*
coligiera/coligiese	hubiera/hubiese colegido
coligieras/coligieses	hubieras/hubieses colegido
coligiera/coligiese	hubiera/hubiese colegido
coligiéramos/coligiésemos	hubiéramos/hubiésemos colegido
coligierais/coligieseis	hubierais/hubieseis colegido
coligieran/coligiesen	hubieran/hubiesen colegido

Futuro simple	*Futuro compuesto*
coligiere	hubiere colegido
coligieres	hubieres colegido
coligiere	hubiere colegido
coligiéremos	hubiéremos colegido
coligiereis	hubiereis colegido
coligieren	hubieren colegido

Imperativo

| colige | colegid |
| colija | colijan |

Formas no personales

Infinitivo: colegir
Infinitivo compuesto: haber colegido
Gerundio: coligiendo
Gerundio compuesto: habiendo colegido
Participio: colegido

• COLGAR: irregular

INDICATIVO

Presente	*Pretérito perfecto compuesto*
cuelgo	he colgado
cuelgas	has colgado
cuelga	ha colgado
colgamos	hemos colgado
colgáis	habéis colgado
cuelgan	han colgado

Pretérito imperfecto	*Pretérito pluscuamperfecto*
colgaba	había colgado
colgabas	habías colgado
colgaba	había colgado
colgábamos	habíamos colgado
colgabais	habíais colgado
colgaban	habían colgado

Pret. perf. simple/indefinido	*Pretérito anterior*
colgué	hube colgado
colgaste	hubiste colgado
colgó	hubo colgado
colgamos	hubimos colgado
colgasteis	hubisteis colgado
colgaron	hubieron colgado

Futuro simple	*Futuro compuesto*
colgaré	habré colgado
colgarás	habrás colgado
colgará	habrá colgado
colgaremos	habremos colgado
colgaréis	habréis colgado
colgarán	habrán colgado

Condicional simple	*Condicional compuesto*
colgaría	habría colgado
colgarías	habrías colgado
colgaría	habría colgado
colgaríamos	habríamos colgado

colgaríais   habríais colgado
colgarían   habrían colgado

SUBJUNTIVO

Presente	Pretérito perfecto
cuelgue	haya colgado
cuelgues	hayas colgado
cuelgue	haya colgado
colguemos	hayamos colgado
colguéis	hayáis colgado
cuelguen	hayan colgado

Pretérito imperfecto	Pretérito pluscuamperfecto
colgara/colgase	hubiera/hubiese colgado
colgaras/colgases	hubieras/hubieses colgado
colgara/colgase	hubiera/hubiese colgado
colgáramos/colgásemos	hubiéramos/hubiésemos colgado
colgarais/colgaseis	hubierais/hubieseis colgado
colgaran/colgasen	hubieran/hubiesen colgado

Futuro simple	Futuro compuesto
colgare	hubiere colgado
colgares	hubieres colgado
colgare	hubiere colgado
colgáremos	hubiéremos colgado
colgareis	hubiereis colgado
colgaren	hubieren colgado

Imperativo

cuelga	colgad
cuelgue	cuelguen

Formas no personales

Infinitivo: colgar
Infinitivo compuesto: haber colgado
Gerundio: colgando
Gerundio compuesto: habiendo colgado
Participio: colgado

colicuecer_ irregular, se conjuga como 'compadecer'.
colocar_ regular, se conjuga como 'abanicar'.

colonizar_ regular, se conjuga como 'abalizar'.
comedir_ irregular, se conjuga como 'medir'.

•COMENZAR: irregular

INDICATIVO

Presente	*Pretérito perfecto compuesto*
comienzo	he comenzado
comienzas	has comenzado
comienza	ha comenzado
comenzamos	hemos comenzado
comenzáis	habéis comenzado
comienzan	han comenzado

Pretérito imperfecto	*Pretérito pluscuamperfecto*
comenzaba	había comenzado
comenzabas	habías comenzado
comenzaba	había comenzado
comenzábamos	habíamos comenzado
comenzabais	habíais comenzado
comenzaban	habían comenzado

Pret. perf. simple/indefinido	*Pretérito anterior*
comencé	hube comenzado
comenzaste	hubiste comenzado
comenzó	hubo comenzado
comenzamos	hubimos comenzado
comenzasteis	hubisteis comenzado
comenzaron	hubieron comenzado

Futuro simple	*Futuro compuesto*
comenzaré	habré comenzado
comenzarás	habrás comenzado
comenzará	habrá comenzado
comenzaremos	habremos comenzado
comenzaréis	habréis comenzado
comenzarán	habrán comenzado

Condicional simple	*Condicional compuesto*
comenzaría	habría comenzado
comenzarías	habrías comenzado

comenzaría	habría comenzado
comenzaríamos	habríamos comenzado
comenzaríais	habríais comenzado
comenzarían	habrían comenzado

SUBJUNTIVO

Presente

	Pretérito perfecto
comience	haya comenzado
comiences	hayas comenzado
comience	haya comenzado
comencemos	hayamos comenzado
comencéis	hayáis comenzado
comiencen	hayan comenzado

Pretérito imperfecto

	Pretérito pluscuamperfecto
comenzara/comenzase	hubiera/hubiese comenzado
comenzaras/comenzases	hubieras/hubieses comenzado
comenzara/comenzase	hubiera/hubiese comenzado
comenzáramos/comenzásemos	hubiéramos/hubiésemos comenzado
comenzarais/comenzaseis	hubierais/hubieseis comenzado
comenzaran/comenzasen	hubieran/hubiesen comenzado

Futuro simple

	Futuro compuesto
comenzare	hubiere comenzado
comenzares	hubieres comenzado
comenzare	hubiere comenzado
comenzáremos	hubiéremos comenzado
comenzareis	hubiereis comenzado
comenzaren	hubieren comenzado

Imperativo

comienza	comenzad
comience	comiencen

Formas no personales

Infinitivo: comenzar
Infinitivo compuesto: haber comenzado
Gerundio: comenzando
Gerundio compuesto: habiendo comenzado
Participio: comenzado

comercializar_ regular, se conjuga como 'abalizar'.

•COMPADECER: irregular

INDICATIVO

Presente	*Pretérito perfecto compuesto*
compadezco	he compadecido
compadeces	has compadecido
compadece	ha compadecido
compadecemos	hemos compadecido
compadecéis	habéis compadecido
compadecen	han compadecido

Pretérito imperfecto	*Pretérito pluscuamperfecto*
compadecía	había compadecido
compadecías	habías compadecido
compadecía	había compadecido
compadecíamos	habíamos compadecido
compadecíais	habíais compadecido
compadecían	habían compadecido

Pret. perf. simple/indefinido	*Pretérito anterior*
compadecí	hube compadecido
compadeciste	hubiste compadecido
compadeció	hubo compadecido
compadecimos	hubimos compadecido
compadecisteis	hubisteis compadecido
compadecieron	hubieron compadecido

Futuro simple	*Futuro compuesto*
compadeceré	habré compadecido
compadecerás	habrás compadecido
compadecerá	habrá compadecido
compadeceremos	habremos compadecido
compadeceréis	habréis compadecido
compadecerán	habrán compadecido

Condicional simple	*Condicional compuesto*
compadecería	habría compadecido
compadecerías	habrías compadecido
compadecería	habría compadecido

compadeceríamos
compadeceríais
compadecerían

habríamos compadecido
habríais compadecido
habrían compadecido

SUBJUNTIVO

Presente

compadezca
compadezcas
compadezca
compadezcamos
compadezcáis
compadezcan

Pretérito perfecto

haya compadecido
hayas compadecido
haya compadecido
hayamos compadecido
hayáis compadecido
hayan compadecido

Pretérito imperfecto

compadeciera/compadeciese
compadecieras/compadecieses
compadeciera/compadeciese
compadeciéramos/
  compadeciésemos
compadecierais/compadecieseis
compadecieran/compadeciesen

Pretérito pluscuamperfecto

hubiera/hubiese compadecido
hubieras/hubieses compadecido
hubiera/hubiese compadecido
hubiéramos/hubiésemos
  compadecido
hubierais/hubieseis compadecido
hubieran/hubiesen compadecido

Futuro simple

compadeciere
compadecieres
compadeciere
compadeciéremos
compadeciereis
compadecieren

Futuro compuesto

hubiere compadecido
hubieres compadecido
hubiere compadecido
hubiéremos compadecido
hubiereis compadecido
hubieren compadecido

Imperativo

compadece
compadezca

compadeced
compadezcan

Formas no personales

Infinitivo: compadecer
Infinitivo compuesto: haber compadecido
Gerundio: compadeciendo
Gerundio compuesto: habiendo compadecido
Participio: compadecido

comparecer_ irregular, se conjuga como 'compadecer'.
compatibilizar_ regular, se conjuga como 'abalizar'.
competir_ irregular, se conjuga como 'medir'.
complacer_ irregular, se conjuga como 'placer'.
complicar_ regular, se conjuga como 'abanicar'.
componer_ irregular, se conjuga como 'poner'.
comprobar_ irregular, se conjuga como 'acordar'.
computarizar_ regular, se conjuga como 'abalizar'.
comunicar_ regular, se conjuga como 'abanicar'.
concebir_ irregular, se conjuga como 'medir'.
conceptualizar_ regular, se conjuga como 'abalizar'.
conceptuar_ regular, se conjuga como 'actuar'.
concernir_ irregular, se conjuga como 'cernir'.
concertar_ irregular, se conjuga como 'calentar'.
concluir_ irregular, se conjuga como 'afluir'.
concordar_ irregular, se conjuga como 'acordar'.
concretizar _regular, se conjuga como 'abalizar'.
condescender_ irregular, se conjuga como 'tender'.
condolocerse_ irregular, se conjuga como 'compadecer'.
condoler_ irregular, se conjuga como 'mover'.

•CONDUCIR: irregular

INDICATIVO

Presente	**Pretérito perfecto compuesto**
conduzco	he conducido
conduces	has conducido
conduce	ha conducido
conducimos	hemos conducido
conducís	habéis conducido
conducen	han conducido

Pretérito imperfecto	**Pretérito pluscuamperfecto**
conducía	había conducido
conducías	habías conducido
conducía	había conducido
conducíamos	habíamos conducido
conducíais	habíais conducido
conducían	habían conducido

111

Pret. perf. simple/indefinido	*Pretérito anterior*
conduje	hube conducido
condujiste	hubiste conducido
condujo	hubo conducido
condujimos	hubimos conducido
condujisteis	hubisteis conducido
condujeron	hubieron conducido

Futuro simple	*Futuro compuesto*
conduciré	habré conducido
conducirás	habrás conducido
conducirá	habrá conducido
conduciremos	habremos conducido
conduciréis	habréis conducido
conducirán	habrán conducido

SUBJUNTIVO

Presente	*Pretérito perfecto*
conduzca	haya conducido
conduzcas	hayas conducido
conduzca	haya conducido
conduzcamos	hayamos conducido
conduzcáis	hayáis conducido
conduzcan	hayan conducido

Pretérito imperfecto	*Pretérito pluscuamperfecto*
condujera/condujese	hubiera/hubiese conducido
condujeras/condujeses	hubieras/hubieses conducido
condujera/condujese	hubiera/hubiese conducido
condujéramos/condujésemos	hubiéramos/hubiésemos conducido
condujerais/condujeseis	hubierais/hubieseis conducido
condujeran/condujesen	hubieran/hubiesen conducido

Futuro simple	*Futuro compuesto*
condujere	hubiere conducido
condujeres	hubieres conducido
condujere	hubiere conducido
condujéremos	hubiéremos conducido
condujereis	hubiereis conducido
condujeren	hubieren conducido

Imperativo

conduce	conducid
conduzca	conduzcan

Formas no personales

Infinitivo: conducir
Infinitivo compuesto: haber conducido
Gerundio: conduciendo
Gerundio compuesto: habiendo conducido
Participio: conducido

conferir_ irregular, se conjuga como 'adherir'.
confesar_ irregular, se conjuga como 'calentar'.
confiar _ regular, se conjuga como 'aliar'.
confiscar _ regular, se conjuga como 'abanicar'.
confluir_ irregular, se conjuga como 'afluir'.
conmover_ irregular, se conjuga como 'mover'.
conocer_ irregular, se conjuga como 'compadecer'.
conseguir_ irregular, se conjuga como 'seguir'.
consentir_ irregular, se conjuga como 'adherir'.
consolar_ irregular, se conjuga como 'acordar'.
consonar_ irregular, se conjuga como 'acordar'.
constituir_ irregular, se conjuga como 'afluir'.
constreñir_ irregular, se conjuga como 'reñir'.
construir_ irregular, se conjuga como 'afluir'.
contabilizar _ regular, se conjuga como 'abalizar'.
contactar _ regular, se conjuga como 'abanicar'.

•CONTAR: irregular

INDICATIVO

Presente	Pretérito perfecto compuesto
cuento	he contado
cuentas	has contado
cuenta	ha contado
contamos	hemos contado
contáis	habéis contado
cuentan	han contado

113

Pretérito imperfecto	*Pretérito pluscuamperfecto*
contaba	había contado
contabas	habías contado
contaba	había contado
contábamos	habíamos contado
contabais	habíais contado
contaban	habían contado

Futuro simple	*Futuro compuesto*
contaré	habré contado
contarás	habrás contado
contará	habrá contado
contaremos	habremos contado
contaréis	habréis contado
contarán	habrán contado

Condicional simple	*Condicional compuesto*
contaría	habría contado
contarías	habrías contado
contaría	habría contado
contaríamos	habríamos contado
contaríais	habríais contado
contarían	habrían contado

SUBJUNTIVO

Presente	*Pretérito perfecto*
cuente	haya contado
cuentes	hayas contado
cuente	haya contado
contemos	hayamos contado
contéis	hayáis contado
cuenten	hayan contado

Pretérito imperfecto	*Pretérito pluscuamperfecto*
contara/contase	hubiera/hubiese contado
contaras/contases	hubieras/hubieses contado
contara/contase	hubiera/hubiese contado
contáramos/contásemos	hubiéramos/hubiésemos contado
contarais/contaseis	hubierais/hubieseis contado
contaran/contasen	hubieran/hubiesen contado

Futuro simple	*Futuro compuesto*
contare	hubiere contado
contares	hubieres contado
contare	hubiere contado
contáremos	hubiéremos contado
contareis	hubiereis contado
contaren	hubieren contado

Imperativo

cuenta	contad
cuente	cuenten

Formas no personales

Infinitivo: contar
Infinitivo compuesto: haber contado
Gerundio: contando
Gerundio compuesto: habiendo contado
Participio: contado

contender_ irregular, se conjuga como 'tender'.
contener_ irregular, se conjuga 'tener'.
contradecir_ irregular, se conjuga como 'decir'.
contraer_ irregular, se conjuga como 'traer'. Tiene dos participios: contraído/contracto.
contraindicar_ regular, se conjuga como 'abanicar'.
contraponer_ irregular, se conjuga como 'poner'.
contrariar_ regular, se conjuga como 'aliar'.
contravenir_ irregular, se conjuga como 'venir'.
contribuir_ irregular, se conjuga como 'afluir'.
controvertir_ irregular, se conjuga como 'advertir'.
convalecer_ irregular, se conjuga como 'compadecer'.
convenir_ irregular, se conjuga como 'venir'.
convertir_ irregular, se conjuga como 'advertir'.
convocar_ regular, se conjuga como 'abanicar'.
coproducir_ irregular, se conjuga como 'conducir'.
coregrafiar_ regular, se conjuga como 'aliar'.
corregir_ irregular, se conjuga como 'colegir'.
corroer_ irregular, se conjuga como 'roer'.
cosificar_ regular, se conjuga como 'abanicar'.
costar_ irregular, se conjuga como 'acordar'.
cotizar_ regular, se conjuga como 'abalizar'.

crecer_ irregular, se conjuga como 'compadecer'.
creer_ irregular, se conjuga como 'leer'.
criar_ regular, se conjuga como 'aliar'.
criminalizar_ regular, se conjuga como 'abalizar'.
cristalizar_ regular, se conjuga como 'abalizar'.
cristianizar_ regular, se conjuga como 'abalizar'.
criticar_ regular, se conjuga como 'abanicar'.
crucificar_ regular, se conjuga como 'abanicar'.
cruzar_ regular, se conjuga como 'abalizar'.
cuadricular _regular, se conjuga como 'abanicar'.
 cuadruplicar_ regular, se conjuga como 'abanicar'.
 cualificar_ regular, se conjuga como 'abanicar'.
cuantificar_ regular, se conjuga como 'abanicar'.
culpabilizar_ regular, se conjuga como 'abalizar'.

CH

chamuscar_ regular, se conjuga como 'abanicar'.
chascar_ regular, se conjuga como 'abanicar'.
chirriar_ regular, se conjuga como 'aliar'.
chispear_ regular, verbo impersonal.
chisporrotear_ regular, verbo impersonal.

D

damnificar_ regular, se conjuga como 'abanicar'.
danzar_ regular, se conjuga como 'abalizar'.

•DAR: irregular

INDICATIVO

Presente	*Pretérito perfecto compuesto*
doy	he dado
das	has dado
da	ha dado
damos	hemos dado
dais	habéis dado
dan	han dado

Pretérito imperfecto	*Pretérito pluscuamperfecto*
daba	había dado
dabas	habías dado
daba	había dado
dábamos	habíamos dado
dabais	habíais dado
daban	habían dado

Pret. perf. simple/indefinido	*Pretérito anterior*
di	hube dado
diste	hubiste dado
dio	hubo dado
dimos	hubimos dado
disteis	hubisteis dado
dieron	hubieron dado

Futuro simple	*Futuro compuesto*
daré	habré dado
darás	habrás dado
dará	habrá dado
daremos	habremos dado
daréis	habréis dado
darán	habrán dado

Condicional simple	*Condicional compuesto*
daría	habría dado
darías	habrías dado
daría	habría dado
daríamos	habríamos dado
daríais	habríais dado
darían	habrían dado

SUBJUNTIVO

Presente	*Pretérito perfecto*
dé	haya dado
des	hayas dado
dé	haya dado
demos	hayamos dado
deis	hayáis dado
den	hayan dado

Pretérito imperfecto	*Pretérito pluscuamperfecto*
diera/diese	hubiera/hubiese dado
dieras/dieses	hubieras/hubieses dado
diera/diese	hubiera/hubiese dado
diéramos/diésemos	hubiéramos/hubiésemos dado
dierais/dieseis	hubierais/hubieseis dado
dieran/diesen	hubieran/hubiesen dado

Futuro simple	*Futuro compuesto*
diere	hubiere dado
dieres	hubieres dado
diere	hubiere dado
diéremos	hubiéremos dado
diereis	hubiereis dado
dieren	hubieren dado

Imperativo

da	dad
dé	den

Formas no personales

Infinitivo: dar
Infinitivo compuesto: haber dado
Gerundio: dando
Gerundio compuesto: habiendo dado
Participio: dado

decaer_ irregular, se conjuga como 'caer'.
decalcificar_ regular, se conjuga como 'abanicar'.

•DECIR: irregular

INDICATIVO

Presente	*Pretérito perfecto compuesto*
digo	he dicho
dices	has dicho
dice	ha dicho
decimos	hemos dicho
decís	habéis dicho
dicen	han dicho

Pretérito imperfecto	Pretérito pluscuamperfecto
decía	había dicho
decías	habías dicho
decía	había dicho
decíamos	habíamos dicho
decíais	habíais dicho
decían	habían dicho

Pret. perf. simple/indefinido	Pretérito anterior
dije	hube dicho
dijiste	hubiste dicho
dijo	hubo dicho
dijimos	hubimos dicho
dijisteis	hubisteis dicho
dijeron	hubieron dicho

Futuro simple	Futuro compuesto
diré	habré dicho
dirás	habrás dicho
dirá	habrá dicho
diremos	habremos dicho
diréis	habréis dicho
dirán	habrán dicho

Condicional simple	Condicional compuesto
diría	habría dicho
dirías	habrías dicho
diría	habría dicho
diríamos	habríamos dicho
diríais	habríais dicho
dirían	habrían dicho

SUBJUNTIVO

Presente	Pretérito perfecto
diga	haya dicho
digas	hayas dicho
diga	haya dicho
digamos	hayamos dicho
digáis	hayáis dicho
digan	hayan dicho

Pretérito imperfecto	Pretérito pluscuamperfecto
dijera/dijese	hubiera/hubiese dicho
dijeras/dijeses	hubieras/hubieses dicho
dijera/dijese	hubiera/hubiese dicho
dijéramos/dijésemos	hubiéramos/hubiésemos dicho
dijerais/dijeseis	hubierais/hubieseis dicho
dijeran/dijesen	hubieran/hubiesen dicho

Futuro simple	Futuro compuesto
dijere	hubiere dicho
dijeres	hubieres dicho
dijere	hubiere dicho
dijéremos	hubiéremos dicho
dijereis	hubiereis dicho
dijeren	hubieren dicho

Imperativo

di	decid
diga	digan

Formas no personales

Infinitivo: decir
Infinitivo compuesto: haber dicho
Gerundio: diciendo
Gerundio compuesto: habiendo dicho
Participio: dicho

decodificar_ regular, se conjuga como 'abanicar'.
deconstruir_ irregular, se conjuga como 'afluir'.
decrecer_ irregular, se conjuga como 'compadecer'.
dedicar_ regular, se conjuga como 'abanicar'.

•DEDUCIR: irregular

INDICATIVO

Presente	Pretérito perfecto compuesto
deduzco	he deducido
deduces	has deducido
deduce	ha deducido
deducimos	hemos deducido
deducís	habéis deducido
deducen	han deducido

Pretérito imperfecto	Pretérito pluscuamperfecto
deducía	había deducido
deducías	habías deducido
deducía	había deducido
deducíamos	habíamos deducido
deducíais	habíais deducido
deducían	habían deducido

Pret. perf. simple/indefinido	Pretérito anterior
deduje	hube deducido
dedujiste	hubiste deducido
dedujo	hubo deducido
dedujimos	hubimos deducido
dedujisteis	hubisteis deducido
dedujeron	hubieron deducido

Futuro simple	Futuro compuesto
deduciré	habré deducido
deducirás	habrás deducido
deducirá	habrá deducido
deduciremos	habremos deducido
deduciréis	habréis deducido
deducirán	habrán deducido

Condicional simple	Condicional compuesto
deduciría	habría deducido
deducirías	habrías deducido
deduciría	habría deducido
deduciríamos	habríamos deducido
deduciríais	habríais deducido
deducirían	habrían deducido

SUBJUNTIVO

Presente	Pretérito perfecto
deduzca	haya deducido
deduzcas	hayas deducido
deduzca	haya deducido
deduzcamos	hayamos deducido
deduzcáis	hayáis deducido
deduzcan	hayan deducido

Pretérito imperfecto	*Pretérito pluscuamperfecto*
dedujera/dedujese	hubiera/hubiese deducido
dedujeras/dedujeses	hubieras/hubieses deducido
dedujera/dedujese	hubiera/hubiese deducido
dedujéramos/dedujésemos	hubiéramos/hubiésemos deducido
dedujerais/dedujeseis	hubierais/hubieseis deducido
dedujeran/dedujesen	hubieran/hubiesen deducido

Futuro simple	*Futuro compuesto*
dedujere	hubiere deducido
dedujeres	hubieres deducido
dedujere	hubiere deducido
dedujéremos	hubiéremos deducido
dedujereis	hubiereis deducido
dedujeren	hubieren deducido

Condicional simple	*Condicional compuesto*
deduciría	habría deducido
deducirías	habrías deducido
deduciría	habría deducido
deduciríamos	habríamos deducido
deduciríais	habríais deducido
deducirían	habrían deducido

Imperativo

deduce	deducid
deduzca	deduzcan

Formas no personales

Infinitivo simple: deducir
Infinitivo compuesto: haber deducido
Gerundio simple: deduciendo
Gerundio compuesto: habiendo deducido
Participio: deducido

defecar_ regular, se conjuga como 'abanicar'.
defender_ irregular, se conjuga como 'tender'.

•DEGOLLAR: irregular

INDICATIVO

Presente	**Pretérito perfecto compuesto**
degüello	he degollado
degüellas	has degollado
degüella	ha degollado
degollamos	hemos degollado
degolláis	habéis degollado
degüellan	han degollado

Pretérito imperfecto	**Pretérito pluscuamperfecto**
degollaba	había degollado
degollabas	habías degollado
degollaba	había degollado
degollábamos	habíamos degollado
degollabais	habíais degollado
degollaban	habían degollado

Pret. perf. simple/indefinido	**Pretérito anterior**
degollé	hube degollado
degollaste	hubiste degollado
degolló	hubo degollado
degollamos	hubimos degollado
degollasteis	hubisteis degollado
degollaron	hubieron degollado

Futuro simple	**Futuro compuesto**
degollaré	habré degollado
degollarás	habrás degollado
degollará	habrá degollado
degollaremos	habremos degollado
degollaréis	habréis degollado
degollarán	habrán degollado

Condicional simple	**Condicional compuesto**
degollaría	habría degollado
degollarías	habrías degollado
degollaría	habría degollado
degollaríamos	habríamos degollado

degollaríais   habríais degollado
degollarían   habrían degollado

SUBJUNTIVO

Presente	*Pretérito perfecto*
degüelle	haya degollado
degüelles	hayas degollado
degüelle	haya degollado
degollemos	hayamos degollado
degolléis	hayáis degollado
degüellen	hayan degollado

Pretérito imperfecto	*Pretérito pluscuamperfecto*
degollara/degollase	hubiera/hubiese degollado
degollaras/degollases	hubieras/hubieses degollado
degollara/degollase	hubiera/hubiese degollado
degolláramos/degollásemos	hubiéramos/hubiésemos degollado
degollarais/degollaseis	hubierais/hubieseis degollado
degollaran/degollasen	hubieran/hubiesen degollado

Futuro simple	*Futuro compuesto*
degollare	hubiere degollado
degollares	hubieres degollado
degollare	hubiere degollado
degolláremos	hubiéremos degollado
degollareis	hubiereis degollado
degollaren	hubieren degollado

Imperativo

degüella	degollad
degüelle	degüellen

Formas no personales

Infinitivo simple: degollar
Infinitivo compuesto: haber degollado
Gerundio simple: degollando
Gerundio compuesto: habiendo degollado
Participio: degollado

deificar_ regular, se conjuga como 'abanicar'.
demarcar_ regular, se conjuga como 'abanicar'.

democratizar_ regular, se conjuga como 'abalizar'.
demoler_ irregular, se conjuga como 'mover'.

•DEMOSTRAR: irregular

INDICATIVO

Presente	**Pretérito perfecto compuesto**
demuestro	he demostrado
demuestras	has demostrado
demuestra	ha demostrado
demostramos	hemos demostrado
demostráis	habéis demostrado
demuestran	han demostrado

Pretérito imperfecto	**Pretérito pluscuamperfecto**
demostraba	había demostrado
demostrabas	habías demostrado
demostraba	había demostrado
demostrábamos	habíamos demostrado
demostrabais	habíais demostrado
demostraban	habían demostrado

Futuro simple	**Futuro compuesto**
demostraré	habré demostrado
demostrarás	habrás demostrado
demostrará	habrá demostrado
demostraréis	habréis demostrado
demostrarán	habrán demostrado

Condicional simple	**Condicional compuesto**
demostraría	habría demostrado
demostrarías	habrías demostrado
demostraría	habría demostrado
demostraríamos	habríamos demostrado
demostraríais	habríais demostrado
demostrarían	habrían demostrado

SUBJUNTIVO

Presente	**Pretérito perfecto**
demuestre	haya demostrado
demuestres	hayas demostrado

125

demuestre	haya demostrado
demostremos	hayamos demostrado
demostréis	hayáis demostrado
demuestren	hayan demostrado

Pretérito imperfecto	*Pretérito pluscuamperfecto*
demostrara/demostrase	hubiera/hubiese demostrado
demostraras/demostrases	hubieras/hubieses demostrado
demostrara/demostrase	hubiera/hubiese demostrado
demostráramos/demostrásemos	hubiéramos/hubiésemos demostrado
demostrarais/demostraseis	hubierais/hubieseis demostrado
demostraran/demostrasen	hubieran/hubiesen demostrado

Futuro simple	*Futuro compuesto*
demostrare	hubiere demostrado
demostrares	hubieres demostrado
demostrare	hubiere demostrado
demostráremos	hubiéremos demostrado
demostrareis	hubiereis demostrado
demostraren	hubieren demostrado

Imperativo

| demuestra | demostrad |
| demuestre | demuestren |

Formas no personales

Infinitivo: demostrar
Infinitivo compuesto: haber demostrado
Gerundio simple: demostrando
Gerundio compuesto: habiendo demostrado
Participio: demostrado

•DENEGAR: irregular

INDICATIVO

Presente	*Pretérito perfecto compuesto*
deniego	he denegado
deniegas	has denegado
deniega	ha denegado
denegamos	hemos denegado

denegáis   habéis denegado
deniegan   han denegado

Pretérito imperfecto	*Pretérito pluscuamperfecto*
denegaba	había denegado
denegabas	habías denegado
denegaba	había denegado
denegábamos	habíamos denegado
denegabais	habíais denegado
denegaban	habían denegado

Pret. perf. simple/indefinido	*Pretérito anterior*
denegué	hube denegado
denegaste	hubiste denegado
denegó	hubo denegado
denegamos	hubimos denegado
denegasteis	hubisteis denegado
denegaron	hubieron denegado

Futuro simple	*Futuro compuesto*
denegaré	habré denegado
denegarás	habrás denegado
denegará	habrá denegado
denegaremos	habremos denegado
denegaréis	habréis denegado
denegarán	habrán denegado

Condicional simple	*Condicional compuesto*
denegaría	habría denegado
denegarías	habrías denegado
denegaría	habría denegado
denegaríamos	habríamos denegado
denegaríais	habríais denegado
denegarían	habrían denegado

SUBJUNTIVO

Presente	*Pretérito perfecto*
deniegue	haya denegado
deniegues	hayas denegado
deniegue	haya denegado

deneguemos	hayamos denegado
deneguéis	hayáis denegado
denieguen	hayan denegado

Pretérito imperfecto	*Pretérito pluscuamperfecto*
denegara/denegase	hubiera/hubiese denegado
denegaras/denegases	hubieras/hubieses denegado
denegara/denegase	hubieras/hubieses denegado
denegáramos/denegásemos	hubiéramos/hubiésemos denegado
denegarais/denegaseis	hubierais/hubieseis denegado
denegaran/denegasen	hubieran/hubiesen denegado

Futuro simple	*Futuro compuesto*
denegare	hubiere denegado
denegares	hubieres denegado
denegare	hubiere denegado
denegáremos	hubiéremos denegado
denegareis	hubiereis denegado
denegaren	hubieren denegado

Imperativo

| deniega | denegad |
| deniegue | denieguen |

Formas no personales

Infinitivo: denegar
Infinitivo simple: haber denegado
Gerundio simple: denegando
Gerundio compuesto: habiendo denegado
Participio: denegado

denostar_ irregular, se conjuga como 'demostrar'.
densificar_ regular, se conjuga como 'abanicar'.
dentar_ irregular, se conjuga como 'calentar'.

•DEPONER: irregular

INDICATIVO

Presente	*Pretérito perfecto compuesto*
depongo	he depuesto
depones	has depuesto

depone	ha depuesto
deponemos	hemos depuesto
deponéis	habéis depuesto
deponen	han depuesto

Pretérito imperfecto	*Pretérito pluscuamperfecto*
deponía	había depuesto
deponías	habías depuesto
deponía	había depuesto
deponíamos	habíamos depuesto
deponíais	habíais depuesto
deponían	habían depuesto

Pret. perf. simple/indefinido	*Pretérito anterior*
depuse	hube depuesto
depusiste	hubiste depuesto
depuso	hubo depuesto
depusimos	hubimos depuesto
depusisteis	hubisteis depuesto
depusieron	hubieron depuesto

Futuro simple	*Futuro compuesto*
depondré	habré depuesto
depondrás	habrás depuesto
depondrá	habrá depuesto
depondremos	habremos depuesto
depondréis	habréis depuesto
depondrán	habrán depuesto

Condicional simple	*Condicional compuesto*
depondría	habría depuesto
depondrías	habrías depuesto
depondría	habría depuesto
depondríamos	habríamos depuesto
depondríais	habríais depuesto
depondrían	habrían depuesto

SUBJUNTIVO

Presente	*Pretérito perfecto*
deponga	haya depuesto
depongas	hayas depuesto

deponga	haya depuesto
depongamos	hayamos depuesto
depongáis	hayáis depuesto
depongan	hayan depuesto

Pretérito imperfecto	*Pretérito pluscuamperfecto*
depusiera/depusiese	hubiera/hubiese depuesto
depusieras/depusieses	hubieras/hubieses depuesto
depusiera/depusiese	hubiera/hubiese depuesto
depusiéramos/depusiésemos	hubiéramos/hubiésemos depuesto
depusierais/depusieseis	hubierais/hubieseis depuesto
depusieran/depusiesen	hubieran/hubiesen depuesto

Futuro simple	*Futuro compuesto*
depusiere	hubiere depuesto
depusieres	hubieres depuesto
depusiere	hubiere depuesto
depusiéremos	hubiéremos depuesto
depusiereis	hubiereis depuesto
depusieren	hubieren depuesto

Imperativo

| depón | deponed |
| deponga | depongan |

Formas no personales

Infinitivo: deponer
Infinitivo compuesto: haber depuesto
Gerundio: depuesto
Gerundio compuesto: habiendo depuesto
Participio: deponiendo

deprecar _ regular, se conjuga como 'abanicar'.

•DERRETIR: irregular

INDICATIVO

Presente	*Pretérito perfecto compuesto*
derrito	he derretido
derrites	has derretido

derrite	ha derretido
derretimos	hemos derretido
derretís	habéis derretido
derriten	han derretido

Pretérito imperfecto	*Pretérito pluscuamperfecto*
derretía	había derretido
derretías	habías derretido
derretía	había derretido
derretíamos	habíamos derretido
derretíais	habíais derretido
derretían	habían derretido

Pret. perf. simple/indefinido	*Pretérito anterior*
derretí	hube derretido
derretiste	hubiste derretido
derritió	hubo derretido
derretimos	hubimos derretido
derretisteis	hubisteis derretido
derritieron	hubieron derretido

Futuro simple	*Futuro compuesto*
derretiré	habré derretido
derretirás	habrás derretido
derretirá	habrás derretido
derretiremos	habremos derretido
derretiréis	habréis derretido
derretirán	habrán derretido

Condicional simple	*Condicional compuesto*
derretiría	habría derretido
derretirías	habrías derretido
derretiría	habría derretido
derretiríamos	habríamos derretido
derretiríais	habríais derretido
derretirían	habrían derretido

SUBJUNTIVO

Presente	*Pretérito perfecto*
derrita	haya derretido
derritas	hayas derretido

derrita	haya derretido
derritamos	hayamos derretido
derritáis	hayáis derretido
derritan	hayan derretido

Pretérito imperfecto	*Pretérito pluscuamperfecto*
derritiera/derritiese	hubiera/hubiese derretido
derritieras/derritieses	hubieras/hubieses derretido
derritiera/derritiese	hubiera/hubiese derretido
derritiéramos/derritiésemos	hubiéramos/hubiésemos derretido
derritierais/derritieseis	hubierais/hubieseis derretido
derritieran/derritiesen	hubieran/hubiesen derretido

Futuro simple	*Futuro compuesto*
derritiere	hubiere derretido
derritieres	hubieres derretido
derritiere	hubiere derretido
derritiéremos	hubiéremos derretido
derritiereis	hubiereis derretido
derritieren	hubieren derretido

Imperativo

derrite	derretid
derrita	derritan

Formas no personales

Infinitivo: derretir
Infinitivo compuesto: haber derretido
Participio: derritiendo
Gerundio compuesto: habiendo derretido
Gerundio: derretido

derrocar_ regular, se conjuga como 'abanicar'.
derruir_ irregular, se conjuga como 'afluir'.
desabastecer_ irregular, se conjuga como 'compadecer'.
desabrir_ regular, sigue la conjugación de 'vivir', pero es un verbo defectivo, por lo que no se conjuga en todas las formas (ver 'abolir', pues se conjuga en sus mismas formas).
desacordar_ irregular, se conjuga como 'acordar'.
desacralizar_ regular, se conjuga como 'abalizar'.
desadormecer_ irregular, se conjuga como 'compadecer'.

desadvertir_ irregular, se conjuga como 'advertir'.
desafiar_ regular, se conjuga como 'aliar'.
desaforar _irregular, se conjuga como 'demostrar'.
desagradecer _irregular, se conjuga como 'compadecer'.
desaislarse_ regular, sigue la conjugación de 'aliar'.
desalentar _ irregular, se conjuga como 'calentar'.
desalinizar_ regular, se conjuga como 'abalizar'.
desamoblar_ irregular, se conjuga como 'acordar'.
desamortizar_ regular, se conjuga como 'abalizar'.
desandar_ irregular, se conjuga como 'andar'.
desaparcar_ regular, se conjuga como 'abanicar'.
desaparecer_ irregular, se conjuga como 'compadecer'.
desaplicar_ regular, se conjuga como 'abanicar'.
desapretar_ irregular, se conjuga como 'calentar'.
desaprobar _ irregular, se conjuga como 'acordar'.
desarrendar_ irregular, se conjuga como 'calentar'.
desarticular_ regular, se conjuga como 'abanicar'.
desasentar_ irregular, se conjuga como 'calentar'.
desasir_ irregular, se conjuga como 'asir'.
desasosegar_ irregular, se conjuga como 'denegar'.
desatacar_ regular, se conjuga como 'abanicar'.
desatascar_ regular, se conjuga como 'abanicar'.
desataviar_ regular, se conjuga como 'aliar'.
desatender_ irregular, se conjuga como 'tender'.
desantetar_ irregular, se conjuga como 'calentar'.
desaterrar_ irregular, se conjuga como 'calentar'.
desatracar_ regular, se conjuga como 'abanicar'.
desatraer_ irregular, se conjuga como 'traer'.
desatrancar_ regular, se conjuga como 'abanicar'.
desatravesar_ irregular, se conjuga como 'calentar'.
desautorizar_ regular, se conjuga como 'abalizar'.
desavenir_ irregular, se conjuga como 'venir'.
desaviar_ regular, se conjuga como 'aliar'.
desbancar_ regular, se conjuga como 'abanicar'.
desbocar_ regular, se conjuga como 'abanicar'.
desbravecer_ irregular, se conjuga como 'compadecer'.
desbrozar_ regular, se conjuga como 'abalizar'.
descabezar_ regular, se conjuga como 'abalizar'.
descalcar_ regular, se conjuga como 'abanicar'.
descalcificar_ regular, se conjuga como 'abanicar'.
descalificar_ regular, se conjuga como 'abanicar'.

descalzar_ regular, se conjuga como 'abalizar'. Dos participios:-regular: descalzado -irregular: descalzo.
descaperuzar_ regular, se conjuga como 'abalizar'.
descapitalizar_ regular, se conjuga como 'abalizar'.
descarriar_ regular, sigue la conjugación de 'aliar'.
descascar_ regular, se conjuga como 'abanicar'.
descascarar_ regular, se conjuga como 'abanicar'.
descatolizar_ regular, se conjuga como 'abalizar'.
descender_ irregular, se conjuga como 'tender'.
descentralizar_ regular, se conjuga como 'abalizar'.
desceñir_ irregular, se conjuga como 'ceñir'.
descercar_ regular, se conjuga como 'abanicar'.
descerrar_ irregular, se conjuga como 'calentar'.
desclasificar_ regular, se conjuga como 'abanicar'.
descodificar_ regular, se conjuga como 'abanicar'.
descolgar_ irregular, se conjuga como 'colgar'.
descolocar_ regular, se conjuga como 'abanicar'.
descolonizar_ regular, se conjuga como 'abalizar'.
descollar_ irregular, se conjuga como 'acordar'.
descomedirse_ irregular, se conjuga como 'medir'.
descomponer_ irregular, se conjuga como 'poner'.
desconcertar_ irregular, se conjuga como 'calentar'.
desconectar_ regular, se conjuga como 'abanicar'.
desconfiar_ irregular, se conjuga como 'aliar'.
desconocer_ irregular, se conjuga como 'compadecer'.
desconsentir_ irregular, se conjuga como 'adherir'.
desconsolar_ irregular, se conjuga como 'acordar'.
descontar_ irregular, se conjuga como 'contar'.
desconvenir_ irregular, se conjuga como 'venir'.
descornar _ irregular, se conjuga como 'acordar'.
descreer_ irregular, se conjuga como 'leer'.
descruzar_ regular, se conjuga como 'abalizar'.
descuartizar_ regular, se conjuga como 'abalizar'.
desdecir_ irregular, se conjuga como 'decir'.
desdentar_ irregular, se conjuga como 'calentar'.
deselectrizar_ regular, se conjuga como 'abalizar'.
desembarcar_ regular, se conjuga como 'abanicar'.
desembarrancar_ regular, se conjuga como 'abanicar'.
desembebecerse_ irregular, se conjuga como 'compadecer'.
desembocar_ regular, se conjuga como 'abanicar'.
desembozar_ regular, se conjuga como 'abalizar'.

desembravecer_ irregular, se conjuga como 'compadecer'.
desembrazar_ regular, se conjuga como 'abalizar'.
desempacar_ regular, se conjuga como 'abanicar'.
desempedrar_ irregular, se conjuga como 'calentar'.
desencerrar_ irregular, se conjuga como 'calentar'.
desencolerizar _ regular, se conjuga como 'abalizar'.
desencontrarse_ irregular, se conjuga como 'acordar'.
desencordar_ irregular, se conjuga como 'acordar'.
desencovar _ irregular, se conjuga como 'acordar'.
desenfocar_ regular, se conjuga como 'abanicar'.
desenfurecer_ irregular, se conjuga como 'compadecer'.
desengarzar _ regular, se conjuga como 'abalizar'.
desengrosar _ irregular, se conjuga como 'acordar'.
desenjaezar_ regular, se conjuga como 'abalizar'.
desenlazar _ regular, se conjuga como 'abalizar'.
desenmohecer_ irregular, se conjuga como 'compadecer'.
desenmudecer_ irregular, se conjuga como 'agradecer'.
desenraizar_ regular, se conjuga como 'abalizar'.
desenroscar_ regular, se conjuga como 'abanicar'.
desensoberbecer_ irregular, se conjuga como 'compadecer'.
desentenderse_ irregular, se conjuga como 'tender'.
desenterrar_ irregular, se conjuga como 'calentar'.
desentorpecer_ irregular, se conjuga como 'compadecer'.
desentronizar_ regular, se conjuga como 'abalizar'.
desentumecer_ irregular, se conjuga como 'compadecer'.
desenvolver_ irregular, se conjuga como 'mover'. Participio irre-
    gular: desenvuelto.
desertizar_ regular, se conjuga como 'abalizar'.
desesperanzar_ regular, se conjuga como 'abalizar'.
desestabilizar_ regular, se conjuga como 'abalizar'.
desfalcar_ regular, se conjuga como 'abanicar'.
desfallecer_ irregular, se conjuga como 'compadecer'.
desfavorecer_ irregular, se conjuga como 'compadecer'.
desfortalecer_ irregular, se conjuga como 'compadecer'.
desgobernar_ irregular, se conjuga como 'calentar'.
desguarnecer_ irregular, se conjuga como 'compadecer'.
desguazar_ regular, se conjuga como 'abalizar'.
deshabituar_ regular, se conjuga como 'aunar'.
deshacer_ irregular, se conjuga como 'hacer'.
deshelar_ irregular, se conjuga como 'calentar'.
desherbar_ irregular, se conjuga como 'calentar'.

desherrar_ irregular, se conjuga como 'calentar'.

deshincar_ regular, se conjuga como 'abanicar'.

deshipotecar_ regular, se conjuga como 'abanicar'.

deshumanizar_ regular, se conjuga como 'abalizar'.

desimponer_ irregular, se conjuga como 'poner'.

desinsectar_ regular, se conjuga como 'abanicar'.

desintoxicar_ regular, se conjuga como 'abanicar'.

deslateralizar_ regular, se conjuga como 'abalizar'.

deslavazar_ regular, se conjuga como 'abalizar'.

deslegalizar_ regular, se conjuga como 'abalizar'.

desleír_ irregular, se conjuga como 'reír'.

deslendrar_ irregular, se conjuga como 'calentar'.

desliar_ regular, se conjuga como 'aliar'.

deslizar_ regular, se conjuga como 'abalizar'.

deslucir_ irregular, se conjuga como 'lucir'.

desmajolar_ irregular, se conjuga como 'acordar'.

desmarcar_ regular, se conjuga como 'abanicar'.

desmedirse_ irregular, se conjuga como 'medir'.

desmelar_ irregular, se conjuga como 'calentar'.

desmembrar_ irregular, se conjuga como 'calentar'.

desmentir_ irregular, se conjuga como 'adherir'.

desmenuzar_ regular, se conjuga como 'abalizar'.

desmerecer_ irregular, se conjuga como 'compadecer'.

desmilitarizar_ regular, se conjuga como 'abalizar'.

desmitificar_ regular, se conjuga como 'abanicar'.

desmoralizar_ regular, se conjuga como 'abalizar'.

desmovilizar_ regular, se conjuga como 'abalizar'.

desnaturalizar_ regular, se conjuga como 'abalizar'.

desnucar_ regular, se conjuga como 'abanicar'.

desobedecer_ irregular, se conjuga como 'compadecer'.

desobstruir_ irregular, se conjuga como 'afluir'.

desodorizar_ regular, se conjuga como 'abalizar'.

desoír_ irregular, se conjuga como 'oír'.

desolar_ puede conjugarse de dos maneras: a) como 'acordar', siendo esta conjugación más habitual, b) como 'amar', siendo esta conjugación menos habitual.

desoldar_ irregular, se conjuga como 'acordar'.

desollar_ irregular, se conjuga como 'acordar'.

desorganizar_ regular, se conjuga como 'abalizar'.

desosar_ irregular, se conjuga como 'acordar'.

despedazar_ regular, se conjuga como 'abalizar'.

despedir_ irregular, se conjuga como 'medir'.

despedrar_ irregular, se conjuga como 'calentar'.

despenalizar _ regular, se conjuga como 'abalizar'.

despersonalizar_ regular, se conjuga como 'abalizar'.

despertar_ irregular, se conjuga como 'calentar'.

despezar_ irregular, se conjuga como 'calentar'.

despiezar_ regular, se conjuga como 'abalizar'.

desplacer_ irregular, se conjuga como 'placer'.

desplazar_ regular, se conjuga como 'abalizar'.

desplegar_ irregular, se conjuga como 'denegar'.

despoblar_ irregular, se conjuga como 'acordar'.

despolitizar_ regular, se conjuga como 'abalizar'.

desposeer_ irregular, se conjuga como 'leer'.

despotizar_ regular, se conjuga como 'abalizar'.

despotricar_ regular, se conjuga como 'abanicar'.

despresurizar_ regular, se conjuga como 'abalizar'.

desprivatizar_ regular, se conjuga como 'abalizar'.

desproveer_ irregular, se conjuga como 'leer'. Tiene dos participios: regular: desproveído; irregular: desprovisto.

desquerer_ irregular, se conjuga como 'querer'.

desratizar_ regular, se conjuga como 'abalizar'.

desrizar_ regular, se conjuga como 'abalizar'.

destacar_ regular, se conjuga como 'abanicar'.

destazar_ regular, se conjuga como 'abalizar'.

destentar_ irregular, se conjuga como 'calentar'.

desteñir_ irregular, se conjuga como 'reñir'.

desterrar_ irregular, se conjuga como 'calentar'.

destituir_ irregular, se conjuga como 'afluir'.

destocar_ regular, se conjuga como 'abanicar'.

destorcer_ irregular, se conjuga como 'mover'.

destrenzar_ regular, se conjuga como 'abalizar'.

destrocar_ irregular, se conjuga como 'volcar'.

destroncar_ regular, se conjuga como 'abanicar'.

destrozar_ regular, se conjuga como 'abalizar'.

destruir_ irregular, se conjuga como 'afluir'.

destullecer_ irregular, se conjuga como 'compadecer'.

desubicar_ regular, se conjuga como 'abanicar'.

desvaír_ irregular, se conjuga como 'oír', y es defectivo, por lo que sólo se conjuga en las formas en que lo hace 'abolir'.

desvalorizar_ regular, se conjuga como 'abalizar'.

desvanecer_ irregular, se conjuga como 'compadecer'.

desvariar_ regular, se conjuga como 'aliar'.

desventar_ irregular, se conjuga como 'calentar'.

desvergonzarse_ irregular, se conjuga como 'acordar'.

desvestir_ irregular, se conjuga como 'medir'.

desviar_ regular, se conjuga como 'aliar'.

desvirtuar_ regular, se conjuga como 'actuar'.

desvitrificar_ regular, se conjuga como 'abanicar'.

detectar_ regular, se conjuga como 'abanicar'.

detener_ irregular, se conjuga como 'tener'.

detraer_ irregular, se conjuga como 'traer'.

devaluar_ regular, se conjuga como 'actuar'.

devenir_ irregular, se conjuga como 'venir'.

devolver_ irregular, se conjuga como 'mover'. Participio: devuelto.

dezmar_ irregular, se conjuga como 'calentar'.

diagnosticar_ regular, se conjuga como 'abanicar'.

dializar_ regular, se conjuga como 'abalizar'.

diferir_ irregular, se conjuga como 'adherir'.

difluir_ irregular, se conjuga como 'afluir'.

digerir_ irregular, se conjuga como 'adherir'.

digitalizar_ regular, se conjuga como 'abalizar'.

dignificar_ regular, se conjuga como 'abanicar'.

diluir_ irregular, se conjuga como 'afluir'.

diluviar_ como 'amar'. Verbo impersonal.

dinamizar_ regular, se conjuga como 'abalizar'.

discernir_ irregular, se conjuga como 'cernir'.

disconvenir_ irregular, se conjuga como 'venir'.

discordar_ irregular, se conjuga como 'acordar'.

disecar_ regular, se conjuga como 'abanicar'.

disentir_ irregular, se conjuga como 'adherir'.

disfrazar_ regular, se conjuga como 'abalizar'.

dislocar_ regular, se conjuga como 'abanicar'.

disminuir_ irregular, se conjuga como 'afluir'.

disolver_ irregular, se conjuga como 'mover'. Participio irregular: disuelto.

disonar_ irregular, se conjuga como 'acordar'.

displacer_ irregular, se conjuga como 'placer'.

disponer_ irregular, se conjuga como 'poner'.

distender_ irregular, se conjuga como 'tender'.

distraer_ irregular, se conjuga como 'traer'.

distribuir_ irregular, se conjuga como 'afluir'.

diversificar_ regular, se conjuga como 'abanicar'.
divertir_ irregular, se conjuga como 'adherir'.
divinizar_ regular, se conjuga como 'abalizar'.
dogmatizar_ regular, se conjuga como 'abalizar'.
dolar_ irregular, se conjuga como 'acordar'.
doler_ irregular, se conjuga como 'mover'.
domesticar_ regular, se conjuga como 'abanicar'.

•DORMIR: irregular

INDICATIVO

Presente	*Pretérito perfecto compuesto*
duermo	he dormido
duermes	has dormido
duerme	ha dormido
dormimos	hemos dormido
dormís	habéis dormido
duermen	han dormido

Pretérito imperfecto	*Pretérito pluscuamperfecto*
dormía	había dormido
dormías	habías dormido
dormía	había dormido
dormíamos	habíamos dormido
dormíais	habíais dormido
dormían	habían dormido

Futuro simple	*Futuro compuesto*
dormiré	habré dormido
dormirás	habrás dormido
dormirá	habrá dormido
dormiremos	habremos dormido
dormiréis	habréis dormido
dormirán	habrán dormido

Condicional simple	*Condicional compuesto*
dormiría	habría dormido
dormirías	habrías dormido
dormiría	habría dormido
dormiríamos	habríamos dormido

dormiríais   habríais dormido
dormirían   habrían dormido

SUBJUNTIVO

Presente	*Pretérito perfecto*
duerma	haya dormido
duermas	hayas dormido
duerma	haya dormido
durmamos	hayamos dormido
durmáis	hayáis dormido
duerman	hayan dormido

Pretérito imperfecto	*Pretérito pluscuamperfecto*
durmiera/durmiese	hubiera/hubiese dormido
durmieras/durmieses	hubieras/hubieses dormido
durmiera/durmiese	hubiera/hubiese dormido
durmiéramos/durmiésemos	hubiéramos/hubiésemos dormido
durmierais/durmieseis	hubierais/hubieseis dormido
durmieran/durmiesen	hubieran/hubiesen dormido

Futuro simple	*Futuro compuesto*
durmiere	hubiere dormido
durmieres	hubieres dormido
durmiere	hubiere dormido
durmiéremos	hubiéremos dormido
durmiereis	hubiereis dormido
durmieren	hubieren dormido

Imperativo	
duerme	dormid
duerma	duerman

Formas no personales

Infinitivo: dormir
Infinitivo compuesto: haber dormido
Gerundio: durmiendo
Gerundio compuesto: habiendo dormido
Participio: dormido

dosificar_ regular, se conjuga como 'abanicar'.

dramatizar_ regular, se conjuga como 'abalizar.'
dulcificar_ regular, se conjuga como 'abanicar'.
duplicar_ regular, se conjuga como 'abanicar'.

E

economizar_ regular, se conjuga como 'abalizar'.
ecualizar_ regular, se conjuga como 'abalizar'.
edificar_ regular, se conjuga como 'abanicar'.
educar_ regular, se conjuga como 'abanicar'.
educir_ irregular, se conjuga como 'conducir'.
efectuar_ regular, sigue la conjugación de 'actuar'.
eflorecerse_ irregular, se conjuga como 'compadecer'.
efluir_ irregular, se conjuga como 'afluir'.
ejemplarizar_ regular, se conjuga como 'abalizar'.
ejemplificar_ regular, se conjuga como 'abanicar'.
electrificar_ regular, se conjuga como 'abanicar'.
electrizar_ regular, se conjuga como 'abalizar'.
electrolizar_ regular, se conjuga como 'abalizar'.
elegir_ irregular, se conjuga como 'colegir'.
embaír_ irregular, se conjuga como 'oír'. Verbo defectivo, care-
    ce de las mismas formas que 'abolir'.
embarazar_ regular, se conjuga como 'abalizar'.
embarbecer_ irregular, se conjuga como 'compadecer'.
embarcar_ regular, se conjuga como 'abanicar'.
embarnecer_ irregular, se conjuga como 'compadecer'.
embarnizar_ regular, se conjuga como 'abalizar'.
embarrancar_ regular, se conjuga como 'abanicar'.
embastecer_ irregular, se conjuga como 'compadecer'.
embaucar_ regular, se conjuga como 'abanicar'.
embebecer_ irregular, se conjuga como 'compadecer'.
embellaquecerse_ irregular, se conjuga como 'compadecer'.
embellecer_ irregular, se conjuga como 'compadecer'.
embermejecer_ irregular, se conjuga como 'compadecer'.
embestir_ irregular, se conjuga como 'medir'.
emblandecer_ irregular, se conjuga como 'compadecer'.
emblanquecer_ irregular, se conjuga como 'compadecer'.
emblematizar_ regular, se conjuga como 'abalizar'.
embobecer_ irregular, se conjuga como 'compadecer'.

embocar_ regular, se conjuga como 'abanicar'.
emborrizar_ regular, se conjuga como 'abalizar'.
emboscar_ regular, se conjuga como 'abanicar'.
embosquecer_ irregular, se conjuga como 'compadecer'.
embozar_ regular, se conjuga como 'abalizar'.
embravecer_ irregular, se conjuga como 'compadecer'.
embrazar_ regular, se conjuga como 'abalizar'.
embrutecer_ irregular, se conjuga como 'compadecer'.
empacar_ regular, se conjuga como 'abanicar'.
palidecer_ irregular, se conjuga como 'compadecer'.
empalizar_ regular, se conjuga como 'abalizar'.
empecer_ irregular, se conjuga como 'compadecer'.
empedrar_ irregular, se conjuga como 'calentar'.
empequeñecer_ irregular, se conjuga como 'compadecer'.

•EMPEZAR: irregular

INDICATIVO

Presente	Pretérito perfecto compuesto
empiezo	he empezado
empiezas	has empezado
empieza	ha empezado
empezamos	hemos empezado
empezáis	habéis empezado
empiezan	han empezado

Pret. perf. simple/indefinido	Pretérito anterior
empecé	hube empezado
empezaste	hubiste empezado
empezó	hubo empezado
empezamos	hubimos empezado
empezasteis	hubisteis empezado
empezaron	hubieron empezado

Pretérito imperfecto	Pretérito pluscuamperfecto
empezaba	había empezado
empezabas	habías empezado
empezaba	había empezado
empezábamos	habíamos empezado
empezabais	habíais empezado
empezaban	habían empezado

142

Futuro simple	*Futuro compuesto*
empezaré	habré empezado
empezarás	habrás empezado
empezará	habrá empezado
empezaremos	habremos empezado
empezaréis	habréis empezado
empezarán	habrán empezado

Condicional simple	*Condicional compuesto*
empezaría	habría empezado
empezarías	habrías empezado
empezaría	habría empezado
empezaríamos	habríamos empezado
empezaríais	habríais empezado
empezarían	habrían empezado

SUJUNTIVO

Presente	*Pretérito perfecto*
empiece	haya empezado
empieces	hayas empezado
empiece	haya empezado
empecemos	hayamos empezado
empecéis	hayáis empezado
empiecen	hayan empezado

Pretérito imperfecto	*Pretérito pluscuamperfecto*
empezara/empezase	hubiera/hubiese empezado
empezaras/empezases	hubieras/hubieses empezado
empezara/empezase	hubiera/hubiese empezado
empezáramos/empezásemos	hubiéramos/hubiésemos empezado
empezarais/empezaseis	hubierais/hubieseis empezado
empezaran/empezasen	hubieran/hubiesen empezado

Futuro simple	*Futuro compuesto*
empezare	hubiere empezado
empezares	hubieres empezado
empezare	hubiere empezado
empezáremos	hubiéremos empezado
empezareis	hubiereis empezado
empezaren	hubieren empezado

Imperativo

empieza	empezad
empiece	empiecen

Formas no personales

Infinitivo: empezar
Infinitivo compuesto: haber empezado
Gerundio: empezando
Gerundio compuesto: habiendo empezado
Participio: empezado

emplastecer_ irregular, se conjuga como 'compadecer'.
emplazar_ regular, se conjuga como 'abalizar'.
emplumecer_ irregular, se conjuga como 'compadecer'.
empobrecer_ irregular, se conjuga como 'compadecer'.
empodrecer_ irregular, se conjuga como 'compadecer'.
empoltronecerse_ irregular, se conjuga como 'compadecer'.
emporcar_ irregular, se conjuga como 'volcar'.
enaltecer_ irregular, se conjuga como 'compadecer'.
enmarillecer_ irregular, se conjuga como 'compadecer'.
enarcar_ regular, se conjuga como 'abanicar'.
enardecer_ irregular, se conjuga como 'compadecer'.
embellecer_ irregular, se conjuga como 'compadecer'.
encabezar_ regular, se conjuga como 'abalizar'.
encalvecer_ irregular, se conjuga como 'compadecer'.
encallecer_ irregular, se conjuga como 'compadecer'.
encandecer_ irregular, se conjuga como 'compadecer'.
encanecer_ irregular, se conjuga como 'compadecer'.
encarecer_ irregular, se conjuga como 'compadecer'.
encarnecer_ irregular, se conjuga como 'compadecer'.
encarnizar_ regular, se conjuga como 'abalizar'.
encauzar_ regular, se conjuga como 'abalizar'.
enceguecer_ irregular, se conjuga como 'compadecer'.
encender_ irregular, se conjuga como 'tender'.
encerrar_ irregular, se conjuga como 'calentar'.
enclocar_ irregular, se conjuga como 'volcar'.
encolerizar_ regular, se conjuga como 'abalizar'.
encomendar_ irregular, se conjuga como 'calentar'.
encontrar_ irregular, se conjuga como 'acordar'.
encorar_ irregular, se conjuga como 'acordar'.
encordar_ irregular, se conjuga como 'acordar'.

encorecer_ irregular, se conjuga como 'compadecer'.

encorozar_ regular, se conjuga como 'abalizar'.

encrudecer_ irregular, se conjuga como 'compadecer'.

encruelecer_ irregular, se conjuga como 'compadecer'.

encubertar_ irregular, se conjuga como 'calentar'.

encubrir_ regular, se conjuga como 'vivir', pero tiene participio irregular: encubierto.

encucar_ regular, se conjuga como 'abanicar'.

encurrucarse_ regular, se conjuga como 'abanicar'.

endentar_ irregular, se conjuga como 'calentar'.

endentecer_ irregular, se conjuga como 'compadecer'.

enderezar_ regular, se conjuga como 'abalizar'.

endulzar_ regular, se conjuga como 'abalizar'.

endurecer_ irregular, se conjuga como 'compadecer'.

energizar_ regular, se conjuga como 'abalizar'.

enfatizar_ regular, se conjuga como 'abalizar'.

enfebrecer_ irregular, se conjuga como 'compadecer'.

enfervorecer_ irregular, se conjuga como 'compadecer'.

enfervorizar_ regular, se conjuga como 'abalizar'.

enflaquecer_ irregular, se conjuga como 'compadecer'.

enfocar_ regular, se conjuga como 'abanicar'.

enfranquecer_ regular, se conjuga como 'abanicar'.

enfrascar_ regular, se conjuga como 'abanicar'.

enfriar_ regular, se conjuga como 'aliar'.

enfurecer_ irregular, se conjuga como 'compadecer'.

engarzar_ regular, se conjuga como 'abalizar'.

engorar_ irregular, se conjuga como 'degollar'.

engrandecer_ irregular, se conjuga como 'compadecer'.

engravecer_ irregular, se conjuga como 'compadecer'.

engreír_ irregular, se conjuga como 'reír'.

engrescar_ regular, se conjuga como 'abanicar'.

engrosecer_ irregular, se conjuga como 'compadecer'.

engrumecerse_ irregular, se conjuga como 'compadecer'.

engullir_ irregular, se conjuga como 'mullir'.

enhastiar_ regular, se conjuga como 'aliar'.

enhestar_ irregular, se conjuga como 'calentar'. Participios: regular: enhestado; irregular: enhiesto.

enlazar_ regular, se conjuga como 'abalizar'.

enlejiar_ regular, se conjuga como 'aliar'.

enlentecer_ irregular, se conjuga como 'compadecer'.

enlenzar_ irregular, se conjuga como 'empezar'.

enlobreguecer_ irregular, se conjuga como 'compadecer'.
enloquecer_ irregular, se conjuga como 'compadecer'.
enlucir_ irregular, se conjuga como 'lucir'.
enlustrecer_ irregular, se conjuga como 'compadecer'.
enllentecer_ irregular, se conjuga como 'compadecer'.
enllocar_ irregular, se conjuga como 'volcar'.
enllobreguecer_ irregular, se conjuga como 'compadecer'.
enmagrecer_ irregular, se conjuga como 'compadecer'.
enmalecer_ irregular, se conjuga como 'compadecer'.
enmarcar_ regular, se conjuga como 'abanicar'.
enmelar_ irregular, se conjuga como 'calentar'.
enmendar_ irregular, se conjuga como 'calentar'.
enmohecer_ irregular, se conjuga como 'compadecer'.
enmollecer_ irregular, se conjuga como 'compadecer'.
enmudecer_ irregular, se conjuga como 'compadecer'.
enmugrecer_ irregular, se conjuga como 'compadecer'.
ennegrecer_ irregular, se conjuga como 'compadecer'.
ennoblecer_ irregular, se conjuga como 'compadecer'.
ennudecer_ irregular, se conjuga como 'compadecer'.
enorgullecer_ irregular, se conjuga como 'compadecer'.
enralecer_ irregular, se conjuga como 'compadecer'.
enrarecer_ irregular, se conjuga como 'compadecer'.
enrigidecer_ irregular, se conjuga como 'compadecer'.
enriquecer_ irregular, se conjuga como 'compadecer'.
enriscar_ regular, se conjuga como 'abanicar'.
enrojecer_ irregular, se conjuga como 'compadecer'.
enronquecer_ irregular, se conjuga como 'compadecer'.
enroscar_ regular, se conjuga como 'abanicar'.
enrudecer_ irregular, se conjuga como 'compadecer'.
enruinecer_ irregular, se conjuga como 'compadecer'.
ensalzar_ regular, se conjuga como 'abalizar'.
ensandecer_ irregular, se conjuga como 'compadecer'.
ensangrentar_ irregular, se conjuga como 'calentar'.
ensarmentar_ irregular, se conjuga como 'calentar'.
ensarnecer_ irregular, se conjuga como 'compadecer'.
ensilvecerse_ irregular, se conjuga como 'compadecer'.
ensoberbecer_ irregular, se conjuga como 'compadecer'.
ensolver_ irregular, se conjuga como 'mover'.
ensombrecer_ irregular, se conjuga como 'compadecer'.
ensoñar_ irregular, se conjuga como 'acordar'.
ensordecer_ irregular, se conjuga como 'compadecer'.

entallecer_ irregular, se conjuga como 'compadecer'.
entender_ irregular, se conjuga como 'tender'.
entenebrecer_ irregular, se conjuga como 'compadecer'.
enternecer_ irregular, se conjuga como 'compadecer'.
enterrar_ irregular, se conjuga como 'calentar'.
entigrecerse_ irregular, se conjuga como 'compadecer'.
entontecer_ irregular, se conjuga como 'compadecer'.
entorpecer_ irregular, se conjuga como 'compadecer'.
entortar_ irregular, se conjuga como 'acordar'.
entreabrir_ regular, se conjuga como 'vivir', pero su participio es
    irregular: entreabierto.
entrecerrar_ irregular, se conjuga como 'calentar'.
entrecruzar_ regular, se conjuga como 'abalizar'.
entrechocar_ regular, se conjuga como 'abanicar'.
entredecir_ irregular, se conjuga como 'decir'.
entredormirse_ irregular, se conjuga como 'dormir'.
entrelazar_ regular, se conjuga como 'abalizar'.
entrelucir_ irregular, se conjuga como 'lucir'.
entreoír_ irregular, se conjuga como 'oír'.
entreparecerse_ irregular, se conjuga como 'compadecer'.
entrepernar_ irregular, se conjuga como 'calentar'.
entreponer_ irregular, se conjuga como 'poner'.
entretener_ irregular, se conjuga como 'tener'.
entrever_ irregular, se conjuga como 'ver'.
entristecer_ irregular, se conjuga como 'compadecer'.
entroncar_ regular, se conjuga como 'abanicar'.
entronizar_ regular, se conjuga como 'abalizar'.
entullecer_ irregular, se conjuga como 'compadecer'.
entumecer_ irregular, se conjuga como 'compadecer'.
envaguecer_ irregular, se conjuga como 'compadecer'.
envanecer_ irregular, se conjuga como 'compadecer'.
envejecer_ irregular, se conjuga como 'compadecer'.
enverdecer_ irregular, se conjuga como 'compadecer'.
enviar_ regular, se conjuga como 'aliar'.
envilecer_ irregular, se conjuga como 'compadecer'.
envolver_ irregular, se conjuga como 'mover'.
enzurdecer_ irregular, se conjuga como 'compadecer'.
equivaler_ irregular, se conjuga como 'valer'.
equivocar_ regular, se conjuga como 'abanicar'.
ergotizar_ regular, se conjuga como 'abalizar'.

•ERGUIR: irregular

INDICATIVO

Presente	*Pretérito perfecto compuesto*
irgo/yergo	he erguido
irgues/yergues	has erguido
irgue/yergue	ha erguido
erguimos	hemos erguido
erguís	habéis erguido
irguen/yerguen	han erguido

Pretérito imperfecto	*Pretérito pluscuamperfecto*
erguía	había erguido
erguías	habías erguido
erguía	había erguido
erguíamos	habíamos erguido
erguíais	habíais erguido
erguían	habían erguido

Pret. perf. simple/indefinido	*Pretérito anterior*
erguí	hube erguido
erguiste	hubiste erguido
irguió	hubo erguido
erguimos	hubimos erguido
erguisteis	hubisteis erguido
irguieron	hubieron erguido

Futuro simple	*Futuro compuesto*
erguiré	habré erguido
erguirás	habrás erguido
erguirá	habrá erguido
erguiremos	habremos erguido
erguiréis	habréis erguido
erguirán	habrán erguido

Condicional simple	*Condicional compuesto*
erguiría	habría erguido
erguirías	habrías erguido
erguiría	habría erguido
erguiríamos	habríamos erguido

erguiríais   habríais erguido
erguirían   habrían erguido

SUBJUNTIVO

Presente	***Pretérito perfecto***
irga/yerga	haya erguido
irgas/yergas	hayas erguido
irga/yerga	haya erguido
irgamos/yergamos	hayamos erguido
irgáis/yergáis	hayáis erguido
irgan/yergan	hayan erguido

Pretérito imperfecto	***Pretérito pluscuamperfecto***
irguiera/irguiese	hubiera/hubiese erguido
irguieras/irguieses	hubieras/hubieses erguido
irguiera/irguiese	hubiera/hubiese erguido
irguiéramos/irguiésemos	hubiéramos/hubiésemos erguido
irguierais/irguieseis	hubierais/hubieseis erguido
irguieran/irguiesen	hubieran/hubiesen erguido

Futuro simple	***Futuro compuesto***
irguiere	hubiere erguido
irguieres	hubieres erguido
irguiere	hubiere erguido
irguiéremos	hubiéremos erguido
irguiereis	hubiereis erguido
irguieren	hubieren erguido

Imperativo

irgue/yergue	erguid
irga/yerga	irgan/yergan

Formas no personales

Infinitivo: erguir
Infinitivo compuesto: haber erguido
Gerundio: irguiendo
Gerundio compuesto: habiendo erguido
Participio: erguido

erizar_ regular, se conjuga como 'abalizar'.
erotizar_ regular, se conjuga como 'abalizar'.
erradicar_ regular, se conjuga como 'abanicar'.

•ERRAR: irregular

INDICATIVO

Presente	Pretérito perfecto compuesto
yerro	he errado
yerras	has errado
yerra	ha errado
erramos	hemos errado
erráis	habéis errado
yerran	han errado

Pretérito imperfecto	Pretérito pluscuamperfecto
erraba	había errado
errabas	habías errado
erraba	había errado
errábamos	habíamos errado
errabais	habíais errado
erraban	habían errado

Pret. perf. simple/indefinido	Pretérito anterior
erré	hube errado
erraste	hubiste errado
erró	hubo errado
erramos	hubimos errado
errasteis	hubisteis errado
erraron	hubieron errado

Futuro simple	Futuro compuesto
erraré	habré errado
errarás	habrás errado
errará	habrá errado
erraremos	habremos errado
erraréis	habréis errado
errarán	habrán errado

Condicional simple	Condicional compuesto
erraría	habría errado
errarías	habrías errado
erraría	habría errado
erraríamos	habríamos errado

errarías   habríais errado
errarían   habrían errado

SUBJUNTIVO

Presente   *Pretérito perfecto compuesto*

yerre   haya errado
yerres   hayas errado
yerre   haya errado
erremos   hayamos errado
erréis   hayáis errado
yerren   hayan errado

Pretérito imperfecto   *Pretérito pluscuamperfecto*

errara/errase   hubiera/hubiese errado
erraras/errases   hubieras/hubieses errado
errara/errase   hubiera/hubiese errado
erráramos/erraseis   hubiéramos/hubiésemos errado
errarais/erraseis   hubierais/hubieseis errado
erraran/errasen   hubieran/hubiesen errado

Futuro simple   *Futuro compuesto*

errare   hubiere errado
errares   hubieres errado
errare   hubiere errado
erráremos   hubiéremos errado
errareis   hubiereis errado
erraran   hubieren errado

Imperativo

yerra   errad
yerre   yerren

Formas no personales

Infinitivo simple: errar
Infinitivo compuesto: haber errado
Gerundio simple: errando
Gerundio compuesto: habiendo errado
Participio: errado

esbozar_ regular, se conjuga como 'abalizar'.
escabullir_ irregular, se conjuga como 'mullir'.

escaecer_ irregular, se conjuga como 'compadecer'.
escalofriar_ regular, se conjuga como 'aliar'.
escandalizar_ regular, se conjuga como 'abalizar'.
escarmentar_ irregular, se conjuga como 'calentar'.
escarnecer_ irregular, se conjuga como 'compadecer'.
escenificar_ regular, se conjuga como 'abanicar'.
esclarecer_ irregular, se conjuga como 'compadecer'.
esclavizar_ regular, se conjuga como 'abalizar'.
esclerotizar_ regular, se conjuga como 'abalizar'.
escocer_ irregular, se conjuga como 'cocer'.
escolar_ irregular, se conjuga como 'acordar'.
escolarizar_ regular, se conjuga como 'abalizar'.
escorzar_ regular, se conjuga como 'abalizar'.
escribir_ sigue la conjugación regular, pero el participio es irregular: escrito.
esculcar_ regular, se conjuga como 'abanicar'.
escullir_ irregular, se conjuga como 'mullir'.
esdrujulizar_ regular, se conjuga como 'abalizar'.

•ESFORZAR: irregular

INDICATIVO

Presente	*Pretérito perfecto compuesto*
esfuerzo	he esforzado
esfuerzas	has esforzado
esfuerza	ha esforzado
esforzamos	hemos esforzado
esforzáis	habéis esforzado
esfuerzan	han esforzado

Pretérito imperfecto	*Pretérito pluscuamperfecto*
esforzaba	había esforzado
esforzabas	habías esforzado
esforzaba	había esforzado
esforzábamos	habíamos esforzado
esforzabais	habíais esforzado
esforzaban	habían esforzado

Pret. perf. simple/indefinido	*Pretérito anterior*
esforcé	hube esforzado
esforzaste	hubiste esforzado

esforzó	hubo esforzado
esforzamos	hubimos esforzado
esforzasteis	hubisteis esforzado
esforzaron	hubieron esforzado

Futuro simple	*Futuro compuesto*
esforzaré	habré esforzado
esforzarás	habrás esforzado
esforzará	habrá esforzado
esforzaremos	habremos esforzado
esforzaréis	habréis esforzado
esforzarán	habrán esforzado

Condicional simple	*Condicional compuesto*
esforzaría	habría esforzado
esforzarías	habrías esforzado
esforzaría	habría esforzado
esforzaríamos	habríamos esforzado
esforzaríais	habríais esforzado
esforzarían	habrían esforzado

SUBJUNTIVO

Presente	*Pretérito perfecto*
esfuerce	haya esforzado
esfuerces	hayas esforzado
esfuerce	haya esforzado
esforcemos	hayamos esforzado
esforcéis	hayáis esforzado
esfuercen	hayan esforzado

Pretérito imperfecto	*Petérito pluscuamperfecto*
esforzara/esforzase	hubiera/hubiese esforzado
esforzaras/esforzases	hubieras/hubieses esforzado
esforzara/esforzase	hubiera/hubiese esforzado
esforzáramos/esforzásemos	hubiéramos/hubiésemos esforzado
esforzarais/esforzaseis	hubierais/hubieseis esforzado
esforzaran/esforzasen	hubieran/hubiesen esforzado

Futuro simple	*Futuro compuesto*
esforzare	hubiere esforzado
esforzares	hubieres esforzado

esforzare	hubiere esforzado
esforzáremos	hubiéremos esforzado
esforzareis	hubiereis esforzado
esforzaren	hubieren esforzado

Imperativo

| esfuerza | esforzad |
| esfuerce | esfuercen |

Formas no personales

Infinitivo simple: esforzar
Infinitivo compuesto: haber esforzado
Gerundio simple: esforzando
Gerundio compuesto: habiendo esforzado
Participio: esforzado

esgrafiar_ regular, se conjuga como 'aliar'.
esguazar_ regular, se conjuga como 'abalizar'.
españolizar_ regular, se conjuga como 'abalizar'.
especializar_ regular, se conjuga como 'abalizar'.
especificar_ regular, se conjuga como 'abanicar'.
esperanzar_ regular, se conjuga como 'abalizar'.
espiar_ regular, se conjuga como 'aliar'.
espiritualizar_ regular, se conjuga como 'abalizar'.
esponsorizar_ regular, se conjuga como 'abalizar'.
esquematizar_ regular, se conjuga como 'abalizar'.
esquiar_ regular, se conjuga como 'aliar'.
estabilizar_ regular, se conjuga como 'abalizar'.
establecer_ irregular, se conjuga como 'compadecer'.
estacar_ regular, se conjuga como 'abanicar'.
estancar_ regular, se conjuga como 'abanicar'.
estandarizar_ regular, se conjuga como 'abalizar'.

•ESTAR: irregular

INDICATIVO

Presente	Pretérito perfecto compuesto
estoy	he estado
estás	has estado
está	ha estado
estamos	hemos estado

estáis	habéis estado
están	han estado

Pretérito imperfecto	*Pretérito pluscuamperfecto*
estaba	había estado
estabas	habías estado
estaba	había estado
estábamos	habíamos estado
estabais	habíais estado
estaban	habían estado

Pret. perf. simple/indefinido	*Pretérito anterior*
estuve	hube estado
estuviste	hubiste estado
estuvo	hubo estado
estuvimos	hubimos estado
estuvisteis	hubisteis estado
estuvieron	hubieron estado

Futuro simple	*Futuro compuesto*
estaré	habré estado
estarás	habrás estado
estará	habrá estado
estaremos	habremos estado
estaréis	habréis estado
estarán	habrán estado

Condicional simple	*Condicional compuesto*
estaría	habría estado
estarías	habrías estado
estaría	habría estado
estaríamos	habríamos estado
estaríais	habríais estado
estarían	habrían estado

SUBJUNTIVO

Presente	*Pretérito perfecto*
esté	haya estado
estés	hayas estado
esté	haya estado

estemos	hayamos estado
estéis	hayáis estado
estén	hayan estado

Pretérito imperfecto	*Pretérito pluscuamperfecto*
estuviera/estuviese	hubiera/hubiese estado
estuvieras/estuvieses	hubieras/hubieses estado
estuviera/estuviese	hubiera/hubiese estado
estuviéramos/estuviésemos	hubiéramos/hubiésemos estado
estuvierais/estuvieseis	hubierais/hubieseis estado
estuvieran/estuviesen	hubieran/hubiesen estado

Futuro simple	*Futuro compuesto*
estuviere	hubiere estado
estuvieres	hubieres estado
estuviere	hubiere estado
estuviéremos	hubiéremos estado
estuviereis	hubiereis estado
estuvieren	hubieren estado

Imperativo

| está | estad |
| esté | estén |

Formas no personales

Infinitivo: estar
Infinitivo compuesto: haber estado
Gerundio: estando
Gerundio compuesto: habiendo estado
Participio: estado

estatalizar_ regular, se conjuga como 'abalizar'.
estatificar_ regular, se conjuga como 'abanicar'.
estatuir_ irregular, se conjuga como 'afluir'.
estigmatizar_ regular, se conjuga como 'abalizar'.
estilizar_ regular, se conjuga como 'abalizar'.
estratificar_ regular, se conjuga como 'abanicar'.
estregar_ irregular, se conjuga como 'denegar'.
estremecer_ irregular, se conjuga como 'compadecer'.
estreñir_ irregular, se conjuga como 'reñir'.
estriar_ regular, se conjuga como 'aliar'.

eterizar_ regular, se conjuga como 'abalizar'.

eternizar_ regular, se conjuga como 'abalizar'.

etimologizar_ regular, se conjuga como 'abalizar'.

evaluar_ regular, se conjuga como 'actuar'.

evangelizar_ regular, se conjuga como 'abalizar'.

evaporizar_ regular, se conjuga como 'abalizar'.

evocar_ regular, se conjuga como 'abanicar'.

excandecer_ irregular, se conjuga como 'compadecer'.

exceptuar_ regular, se conjuga como 'actuar'.

excluir_ irregular, se conjuga como 'afluir'. Dos participios: regular: excluido; irregular: excluso.

eximir_ regular, pero tiene dos participios: regular: eximido; irregular: exento.

exorcizar_ regular, se conjuga como 'abalizar'.

expavecer_ irregular, se conjuga como 'compadecer'.

expedir_ irregular, se conjuga como 'medir'.

expiar_ regular, se conjuga como 'aliar'.

explicar_ regular, se conjuga como 'abanicar'.

exponer_ irregular, se conjuga como 'poner'.

extasiar_ regular, se conjuga como 'aliar'.

extender_ irregular, se conjuga como 'tender'. Dos participios: regular: extendido; irregular: extenso.

extenuar_ regular, se conjuga como 'actuar'.

exteriorizar_ regular, se conjuga como 'abalizar'.

extractar_ regular, se conjuga como 'abanicar'.

extraer_ irregular, se conjuga como 'traer'.

extraviar_ regular, se conjuga como 'aliar'.

F

fabricar_ regular, se conjuga como 'abanicar'.

falsificar_ regular, se conjuga como 'abanicar'.

fallecer_ irregular, se conjuga como 'compadecer'.

familiarizar_ regular, se conjuga como 'abalizar'.

fanatizar_ regular, se conjuga como 'abalizar'.

fasquiar_ regular, se conjuga como 'aliar'.

favorecer_ irregular, se conjuga como 'compadecer'.

fecundizar_ regular, se conjuga como 'abalizar'.

femar_ irregular, se conjuga como 'calentar'.

fenecer_ irregular, se conjuga como 'compadecer'.

ferrar_ irregular, se conjuga como 'calentar'.
fertilizar_ regular, se conjuga como 'abalizar'.
fiar_ regular, se conjuga como 'aliar'.
finalizar_ regular, se conjuga como 'abalizar'.
fiscalizar_ regular, se conjuga como 'abalizar'.
florecer_ irregular, se conjuga como 'compadecer'.
fluctuar_ regular, se conjuga como 'actuar'.
fluir_ irregular, se conjuga como 'afluir'.
formalizar_ regular, se conjuga como 'abalizar'.
fornicar_ regular, se conjuga como 'abanicar'.
fortalecer_ irregular, se conjuga como 'compadecer'.
fortificar_ regular, se conjuga como 'abanicar'.
forzar_ irregular, se conjuga como 'esforzar'.
fosforecer_ irregular, se conjuga como 'compadecer'.
fosilizar_ regular, se conjuga como 'abalizar'.
fotografiar_ regular, se conjuga como 'aliar'.
fraternizar_ regular, se conjuga como 'abalizar'.
fregar_ irregular, se conjuga como 'denegar'.
freír_ irregular, se conjuga como 'reír'. Dos participios: regular:
    freído; irregular: frito.
frivolizar_ regular, se conjuga como 'abalizar'.
fructificar_ regular, se conjuga como 'abanicar'.
fruir_ irregular, se conjuga como 'afluir'.
frutecer_ irregular, se conjuga como 'compadecer'.

G

galvanizar_ regular, se conjuga como 'abalizar'.
gañir_ irregular, se conjuga como 'mullir'.
garantizar_ regular, se conjuga como 'abalizar'.
gargalizar_ regular, se conjuga como 'abalizar'.
gargarizar_ regular, se conjuga como 'abalizar'.
gasificar_ regular, se conjuga como 'abanicar'.
gemir_ irregular, se conjuga como 'medir'.
generalizar_ regular, se conjuga como 'abalizar'.
germanizar_ regular, se conjuga como 'abalizar'.
globalizar_ regular, se conjuga como 'abalizar'.
glorificar_ regular, se conjuga como 'abanicar'.
gobernar_ irregular, se conjuga como 'calentar'.
gozar_ regular, se conjuga como 'abalizar'.

graduar_ regular, se conjuga como 'actuar'.

gramaticalizarse_ regular, se conjuga como 'abalizar'.

grandisonar_ irregular, se conjuga como 'acordar'.

granizar_ regular, se conjuga como 'abalizar'. Verbo impersonal.

gratificar_ regular, se conjuga como 'abanicar'.

gruir_ irregular, se conjuga como 'afluir'.

gruñir_ irregular, se conjuga como 'mullir'.

guarecer_ irregular, se conjuga como 'compadecer'.

guarnecer_ irregular, se conjuga como 'compadecer'.

guiar_ regular, se conjuga como 'aliar'.

H

•HABER: irregular

INDICATIVO

Presente	*Pretérito perfecto compuesto*
he	he habido
has	has habido
ha	ha habido
hemos	hemos habido
habéis	habéis habido
han	han habido

Pretérito imperfecto	*Pretérito pluscuamperfecto*
había	había habido
habías	habías habido
había	había habido
habíamos	habíamos habido
habíais	habíais habido
habían	habían habido

Pret. perf. simple/indefinido	*Pretérito anterior*
hube	hube habido
hubiste	hubiste habido
hubo	hubo habido
hubimos	hubimos habido

hubisteis	hubieron habido
hubieron	hubieron habido

Futuro simple	*Futuro compuesto*
habré	habré habido
habrás	habrás habido
habrá	habrá habido
habremos	habremos habido
habréis	habréis habido
habrán	habrán habido

Condicional simple	*Condicional compuesto*
habría	habría habido
habrías	habrías habido
habría	habría habido
habríamos	habríamos habido
habríais	habríais habido
habrían	habrían habido

SUBJUNTIVO

Presente	*Pretérito perfecto*
haya	haya habido
hayas	hayas habido
haya	haya habido
hayamos	hayamos habido
hayáis	hayáis habido
hayan	hayan habido

Pretérito imperfecto	*Pretérito pluscuamperfecto*
hubiera/hubiese	hubiera/hubiese habido
hubieras/hubieses	hubieras/hubieses habido
hubiera/hubiese	hubiera/hubiese habido
hubiéramos/hubiésemos	hubiéramos/hubiésemos habido
hubierais/hubieseis	hubierais/hubieseis habido
hubieran/hubiesen	hubieran/hubiesen habido

Futuro simple	*Futuro compuesto*
hubiere	hubiere habido
hubieres	hubieres habido

hubiere	hubiere habido
hubiéremos	hubiéremos habido
hubiereis	hubiereis habido
hubieren	hubieren habido

Formas no personales

Infinitivo: haber
Infinitivo compuesto: haber habido
Gerundio: habiendo
Gerundio compuesto: habiendo habido
Participio: habido

habituar_ regular, se conjuga como 'actuar'.
hacendar_ irregular, se conjuga como 'calentar'.

•HACER: irregular

INDICATIVO

Presente	**Pretérito perfecto compuesto**
hago	he hecho
haces	has hecho
hace	ha hecho
hacemos	hemos hecho
hacéis	habéis hecho
hacen	han hecho

Pretérito imperfecto	**Pretérito pluscuamperfecto**
hacía	había hecho
hacías	habías hecho
hacía	había hecho
hacíamos	habíamos hecho
hacíais	habíais hecho
hacían	habían hecho

Pret. perf. simple/indefinido	**Pretérito anterior**
hice	hubiste hecho
hiciste	hubiste hecho
hizo	hubo hecho
hicimos	hubimos hecho
hicisteis	hubisteis hecho
hicieron	hubieron hecho

Futuro simple	*Futuro compuesto*
haré	habré hecho
harás	habrás hecho
hará	habrá hecho
haremos	habremos hecho
haréis	habréis hecho
harán	habrán hecho

Condicional simple	*Condicional compuesto*
haría	habría hecho
harías	habrías hecho
haría	habría hecho
haríamos	habríamos hecho
haríais	habríais hecho
harían	habrían hecho

SUBJUNTIVO

Presente	*Pretérito perfecto*
haga	haya hecho
hagas	hayas hecho
haga	haya hecho
hagamos	hayamos hecho
hagáis	hayáis hecho
hagan	hayan hecho

Pretérito imperfecto	*Pretérito pluscuamperfecto*
hiciera/hiciese	hubiera/hubiese hecho
hicieras/hicieses	hubieras/hubieses hecho
hiciera/hiciese	hubiera/hubiese hecho
hiciéramos/hiciésemos	hubiéramos/hubiésemos hecho
hicierais/hicieseis	hubierais/hubieseis hecho
hicieran/hiciesen	hubieran/hubiesen hecho

Futuro simple	*Futuro compuesto*
hiciere	hubiere hecho
hicieres	hubieres hecho
hiciere	hubiere hecho
hiciéremos	hubiéremos hecho
hiciereis	hubiereis hecho
hicieren	hubieren hecho

Imperativo

haz	haced
haga	hagan

Formas no personales

Infinitivo: hacer
Infinitivo compuesto: haber hecho
Gerundio: haciendo
Gerundio compuesto: habiendo hecho
Participio: hecho

hastiar_ regular, se conjuga como 'aliar'.
hebraizar_ regular, se conjuga como 'abalizar'.
hechizar_ regular, se conjuga como 'abalizar'.
heder_ irregular, se conjuga como 'tender'.
helar_ irregular, se conjuga como 'calentar'. Verbo impersonal.
helenizar_ regular, se conjuga como 'abalizar'.
hemolizar_ regular, se conjuga como 'abalizar'.
henchir_ irregular, se conjuga como 'medir'.
hender_ irregular, se conjuga como 'tender'.
hendir_ irregular, se conjuga como 'cernir'.
henificar_ regular, se conjuga como 'abanicar'.
heñir_ irregular, se conjuga como 'reñir'.
herbar_ irregular, se conjuga como 'calentar'.
herbecer_ irregular, se conjuga como 'compadecer'.
herbolecer_ irregular, se conjuga como 'compadecer'.
herborizar_ regular, se conjuga como 'abalizar'.
herir_ irregular, se conjuga como 'adherir'.
hermanecer_ irregular, se conjuga como 'compadecer'.
hermetizar_ regular, se conjuga como 'abalizar'.
herrar_ irregular, se conjuga como 'calentar'.
herventar_ irregular, se conjuga como 'calentar'.
hervir_ irregular, se conjuga como 'adherir'.
higienizar_ regular, se conjuga como 'abalizar'.
hincar_ regular, se conjuga como 'abanicar'.
hipnotizar_ regular, se conjuga como 'abalizar'.
hipotecar_ regular, se conjuga como 'abanicar'.
hocicar_ regular, se conjuga como 'abanicar'.
hojecer_ irregular, se conjuga como 'compadecer'.
holgar_ irregular, se conjuga como 'acordar'.
hollar_ irregular, se conjuga como 'acordar'.

homogeneizar_ regular, se conjuga como 'abalizar'.
horrorizar_ regular, se conjuga como 'abalizar'.
hospitalizar_ regular, se conjuga como 'abalizar'.
hostilizar_ regular, se conjuga como 'abalizar'.
huir_ irregular, se conjuga como 'afluir'.
humanizar_ regular, se conjuga como 'abalizar'.
humectar_ regular, se conjuga como 'abanicar'.
humedecer_ irregular, se conjuga como 'compadecer'.

I

idealizar_ regular, se conjuga como 'abalizar'.
identificar_ regular, se conjuga como 'abanicar'.
ideologizar_ regular, se conjuga como 'abalizar'.
idiotizar_ regular, se conjuga como 'abalizar'.
imbricar_ regular, se conjuga como 'abanicar'.
imbuir_ irregular, se conjuga como 'afluir'.
impedir_ irregular, se conjuga como 'medir'.
impermeabilizar_ regular, se conjuga como 'abalizar'.
impersonalizar_ regular, se conjuga como 'abalizar'.
implicar_ regular, se conjuga como 'abanicar'.
imponer_ irregular, se conjuga como 'poner'.
imprecar_ regular, se conjuga como 'abanicar'.
imprimir_ regular, pero dos participios: regular: imprimido; irregular: impreso.
incensar_ irregular, se conjuga como 'calentar'.
incluir_ irregular, se conjuga como 'afluir'.
incomunicar_ regular, se conjuga como 'abanicar'.
inculcar_ regular, se conjuga como 'abanicar'.
indemnizar_ regular, se conjuga como 'abalizar'.
independizar_ regular, se conjuga como 'abalizar'.
indicar_ regular, se conjuga como 'abanicar'.
indisponer_ irregular, se conjuga como 'poner'.
individualizar_ regular, se conjuga como 'abalizar'.
individuar_ regular, se conjuga como 'actuar'.
inducir_ irregular, se conjuga como 'conducir'.
industrializar_ regular, se conjuga como 'abalizar'.
infatuar_ regular, se conjuga como 'actuar'.
inferir_ irregular, se conjuga como 'adherir'.
infernar_ irregular, se conjuga como 'calentar'.

influir_ irregular, se conjuga como 'afluir'.
informatizar_ regular, se conjuga como 'abalizar'.
infrautilizar_ regular, se conjuga como 'abalizar'.
infuscar_ regular, se conjuga como 'abanicar'.
inhestar_ irregular, se conjuga como 'calentar'. Participio irregular:
    inhiesto.
inicializar_ regular, se conjuga como 'abalizar'.
injerir_ irregular, se conjuga como 'adherir'.
inmiscuir_ irregular, se conjuga como 'afluir'.
inmortalizar_ regular, se conjuga como 'abalizar'.
inmovilizar_ regular, se conjuga como 'abalizar'.
inmunizar_ regular, se conjuga como 'abalizar'.
inquirir_ irregular, se conjuga como 'adquirir'.
inscribir_ regular, participio irregular: inscrito.
insensibilizar_ regular, se conjuga como 'abalizar'.
inserir_ irregular, se conjuga como 'adherir'.
insinuar_ regular, se conjuga como 'actuar'.
insonorizar_ regular, se conjuga como 'abalizar'.
institucionalizar_ regular, se conjuga como 'abalizar'.
instituir_ irregular, se conjuga como 'afluir'.
instruir_ irregular, se conjuga como 'afluir'.
instrumentalizar_ regular, se conjuga como 'abalizar'.
intelectualizar_ regular, se conjuga como 'abalizar'.
intensificar_ regular, se conjuga como 'abanicar'.
interferir_ irregular, se conjuga como 'adherir'.
interiorizar_ regular, se conjuga como 'abalizar'.
internacionalizar_ regular, se conjuga como 'abalizar'.
interponer_ irregular, se conjuga como 'poner'.
intervenir_ irregular, se conjuga como 'venir'.
intoxicar_ regular, se conjuga como 'abanicar'.
intranquilizar_ regular, se conjuga como 'abalizar'.
intrincar_ regular, se conjuga como 'abanicar'.
introducir_ irregular, se conjuga como 'conducir'.
intuir_ irregular, se conjuga como 'afluir'.
inutilizar_ regular, se conjuga como 'abalizar'.
inventariar_ regular, se conjuga como 'aliar'.
invertir_ irregular, se conjuga como 'adherir'.
investir_ irregular, se conjuga como 'medir'.
invocar_ regular, se conjuga como 'abanicar'.
inyectar_ regular, se conjuga como 'abanicar'.
ironizar_ regular, se conjuga como 'abalizar'.

• IR: irregular

INDICATIVO

Presente	*Pretérito perfecto compuesto*
voy	he ido
vas	has ido
va	ha ido
vamos	hemos ido
vais	habéis ido
van	han ido

Pretérito imperfecto	*Pretérito pluscuamperfecto*
iba	había ido
ibas	habías ido
iba	había ido
íbamos	habíamos ido
ibais	habíais ido
iban	habían ido

Pret. perf. simple/indefinido	*Pretérito anterior*
fui	hube ido
fuiste	hubiste ido
fue	hubo ido
fuimos	hubimos ido
fuisteis	hubiesteis ido
fueron	hubieron ido

Futuro simple	*Futuro compuesto*
iré	habré ido
irás	habrás ido
irá	habrá ido
iremos	habremos ido
iréis	habréis ido
irán	habrán ido

Condicional simple	*Condicional compuesto*
iría	habría ido
irías	habrías ido
iría	habría ido
iríamos	habríamos ido
iríais	habríais ido
irían	habrían ido

Presente

Presente	Pretérito perfecto
vaya	haya ido
vayas	hayas ido
vaya	haya ido
vayamos	hayamos ido
vayáis	hayáis ido
vayan	hayan ido

Pretérito imperfecto	Pretérito pluscuamperfecto
fuera/fuese	hubiera/hubiese ido
fueras/fueses	hubieras/hubieses ido
fuera/fuese	hubiera/hubiese ido
fuéramos/fuésemos	hubiéramos/hubiésemos ido
fuerais/fuesen	hubierais/hubieseis ido
fueran/fuesen	hubieran/hubiesen ido

Futuro simple	Futuro compuesto
fuere	hubiere ido
fueres	hubieres ido
fuere	hubiere ido
fuéremos	hubiéremos ido
fuereis	hubiereis ido
fueren	hubieren ido

Imperativo

ve	id
vaya	vayan

Formas no personales

Infinitivo: ir
Infinitivo compuesto: haber ido
Gerundio: yendo
Gerundio compuesto: habiendo ido
Participio: ido

ironizar_ regular, se conjuga como 'abalizar'.
islamizar_ regular, se conjuga como 'abalizar'.
italianizar_ regular, se conjuga como 'abalizar'.
izar_ regular, se conjuga como 'abalizar'.

J

jerarquizar_ regular, se conjuga como 'abalizar'.
judaizar_ regular, se conjuga como 'abalizar'.
judicar_ regular, se conjuga como 'abanicar'.
judicializar_ regular, se conjuga como 'abalizar'.

•JUGAR: irregular

INDICATIVO

Presente	Pretérito perfecto compuesto
juego	he jugado
juegas	has jugado
juega	ha jugado
jugamos	hemos jugado
jugáis	habéis jugado
juegan	han jugado

Pretérito imperfecto	Pretérito pluscuamperfecto
jugaba	había jugado
jugabas	habías jugado
jugaba	había jugado
jugábamos	habíamos jugado
jugabais	habíais jugado
jugaban	habían jugado

Pret. perf. simple/indefinido	Pretérito anterior
jugué	hube jugado
jugaste	hube jugado
jugó	hubiste jugado
jugamos	hubimos jugado
jugasteis	hubisteis jugado
jugaron	hubieron jugado

Futuro simple	Futuro compuesto
jugaré	habré jugado
jugarás	habrás jugado
jugará	habrá jugado
jugaremos	habremos jugado
jugaréis	habréis jugado
jugarán	habrán jugado

Condicional simple	Condicional compuesto
jugaría	habría jugado
jugarías	habrías jugado
jugaría	habría jugado
jugaríamos	habríamos jugado
jugaríais	habríais jugado
jugarían	habrían jugado

SUBJUNTIVO

Presente	Pretérito perfecto
juegue	haya jugado
juegues	hayas jugado
juegue	haya jugado
juguemos	hayamos jugado
juguéis	hayáis jugado
jueguen	hayan jugado

Pretérito imperfecto	Pretérito pluscuamperfecto
jugara/jugase	hubiera/hubiese jugado
jugaras/jugases	hubieras/hubieses jugado
jugara/jugase	hubiera/hubiese jugado
jugáramos/jugásemos	hubiéramos/hubiésemos jugado
jugarais/jugaseis	hubierais/hubieseis jugado
jugaran/jugasen	hubieran/hubiesen jugado

Futuro simple	Futuro compuesto
jugare	hubiere jugado
jugares	hubieres jugado
jugare	hubiere jugado
jugáremos	hubiéremos jugado
jugareis	hubiereis jugado
jugaren	hubieren jugado

Imperativo

juega	jugad
juegue	jueguen

Formas no personales

Infinitivo simple: jugar
Infinitivo compuesto: haber jugado
Gerundio simple: jugando

Gerundio compuesto: habiendo jugado
Participio: jugado

justificar_ regular, se conjuga como 'abanicar'.

L

labializar_ regular, se conjuga como 'abalizar'.
lacar_ regular, se conjuga como 'abanicar'.
laicizar_ regular, se conjuga como 'abalizar'.
lambicar_ regular, se conjuga como 'abanicar'.
languidecer_ irregular, se conjuga como 'compadecer'.
lanzar_ regular, se conjuga como 'abalizar'.
lapidificar_ regular, se conjuga como 'abanicar'.
lapizar_ regular, se conjuga como 'abalizar'.
lateralizar_ regular, se conjuga como 'abalizar'.
latinizar_ regular, se conjuga como 'abalizar'.
lazar_ regular, se conjuga como 'abalizar'.

•LEER: irregular

INDICATIVO

Presente	Pretérito perfecto compuesto
leo	he leído
lees	has leído
lee	ha leído
leemos	hemos leído
leéis	habéis leído
leen	han leído

Pretérito imperfecto	Pretérito pluscuamperfecto
leía	había leído
leías	habías leído
leía	había leído
leíamos	habíamos leído
leíais	habíais leído
leían	habían leído

Pret. perf. simple/Indefinido	Pretérito anterior
leí	hube leído
leíste	hubiste leído
leyó	hubo leído

170

leímos	hubimos leído
leísteis	hubisteis leído
leyeron	hubieron leído

Futuro simple	*Futuro compuesto*
leeré	habré leído
leerás	habrás leído
leerá	habrá leído
leeremos	habremos leído
leeréis	habréis leído
leerán	habrán leído

Condicional simple	*Condicional compuesto*
leería	habría leído
leerías	habrías leído
leería	habría leído
leeríamos	habríamos leído
leeríais	habríais leído
leerían	habrían leído

SUBJUNTIVO

Presente	*Pretérito perfecto*
lea	haya leído
leas	hayas leído
lea	haya leído
leamos	hayamos leído
leáis	hayáis leído
lean	hayan leído

Pretérito imperfecto	*Pretérito pluscuamperfecto*
leyera/leyese	hubiera/hubiese leído
leyeras/leyeses	hubieras/hubieses leído
leyera/leyese	hubiera/hubiese leído
leyéramos/leyésemos	hubiéramos/hubiésemos leído
leyerais/leyeseis	hubierais/hubieseis leído
leyeran/leyesen	hubieran/hubiesen leído

Futuro simple	*Futuro compuesto*
leyere	hubiere leído
leyeres	hubieres leído
leyere	hubiere leído
leyéremos	hubiéremos leído

| leyereis | hubiereis leído |
| leyeren | hubieren leído |

Imperativo

| lee | leed |
| lea | lean |

Formas no personales

Infinitivo: leer
Infinitivo compuesto: haber leído
Gerundio: leyendo
Gerundio compuesto: habiendo leído
Participio: leído

legalizar_ regular, se conjuga como 'abalizar'.
lematizar_ regular, se conjuga como 'abalizar'.
lenificar_ regular, se conjuga como 'abanicar'.
lentificar_ regular, se conjuga como 'abanicar'.
lexicalizar_ regular, se conjuga como 'abalizar'.
liar_ regular, se conjuga como 'aliar'.
liberalizar_ regular, se conjuga como 'abalizar'.
lignificar_ regular, se conjuga como 'abanicar'.
liofilizar_ regular, se conjuga como 'abalizar'.
litografiar_ regular, se conjuga como 'aliar'.
lividecer_ irregular, se conjuga como 'compadecer'.
localizar_ regular, se conjuga como 'abalizar'.
lubricar_ regular, se conjuga como 'abanicar'.

•LUCIR: irregular

INDICATIVO

Presente	**Pretérito perfecto compuesto**
luzco	he lucido
luces	has lucido
luce	ha lucido
lucimos	hemos lucido
lucís	habéis lucido
lucen	han lucido

Pretérito imperfecto	**Pretérito pluscuamperfecto**
lucía	había lucido
lucías	habías lucido

lucía	había lucido
lucíamos	habíamos lucido
lucíais	habíais lucido
lucían	habían lucido

Pret. perf. simple/Indefinido	Pretérito anterior
lucí	hube lucido
luciste	hubiste lucido
lució	hubo lucido
lucimos	hubimos lucido
lucisteis	hubisteis lucido
lucieron	hubieron lucido

Futuro simple	Futuro compuesto
luciré	habré lucido
lucirás	habrás lucido
lucirá	habrá lucido
luciremos	habremos lucido
luciréis	habréis lucido
lucirán	habrán lucido

Condicional simple	Condicional compuesto
luciría	habría lucido
lucirías	habrías lucido
luciría	habría lucido
luciríamos	habríamos lucido
luciríais	habríais lucido
lucirían	habrían lucido

SUBJUNTIVO

Presente	Pretérito perfecto
luzca	haya lucido
luzcas	hayas lucido
luzca	haya lucido
luzcamos	hayamos lucido
luzcáis	hayáis lucido
luzcan	hayan lucido

Pretérito imperfecto	Pretérito pluscuamperfecto
luciera/luciese	hubiera/hubiese lucido
lucieras/lucieses	hubieras/hubieses lucido
luciera/luciese	hubiera/hubiese lucido

173

luciéramos/luciésemos	hubiéramos/hubiésemos lucido
luciérais/lucieseis	hubierais/hubieseis lucido
lucieran/luciesen	hubieran/hubiesen lucido

Futuro simple	*Futuro compuesto*
luciere	hubiere lucido
lucieres	hubieres lucido
luciere	hubiere lucido
luciéremos	hubiéremos lucido
luciereis	hubiereis lucido
lucieren	hubieren lucido

Imperativo

luce	lucid
luzca	luzcan

Formas no personales

Infinitivo: lucir
Infinitivo compuesto: haber lucido
Gerundio: luciendo
Gerundio compuesto: habiendo lucido
Participio: lucido

LL

llover_ irregular, se conjuga como 'mover'. Verbo impersonal.

M

machacar_ regular, se conjuga como 'abanicar'.
machucar_ regular, se conjuga como 'abanicar'.
magnetizar_ regular, se conjuga como 'abalizar'.
magnificar_ regular, se conjuga como 'abanicar'.
malcriar_ regular, se conjuga como 'aliar'.
maldecir_ irregular, se conjuga como 'bendecir'. Participios: regular: maldecido; irregular: maldito.
maleducar_ regular, se conjuga como 'abanicar'.
malentender_ irregular, se conjuga como 'tender'.
malherir_ irregular, se conjuga como 'adherir'.

malquerer_ irregular, se conjuga como 'querer'.
maltraer_ irregular, se conjuga como 'traer'.
mancar_ regular, se conjuga como 'abanicar'.
mancornar_ irregular, se conjuga como 'acordar'.
manducar_ regular, se conjuga como 'abanicar'.
manferir_ irregular, se conjuga como 'adherir'.
manifestar_ irregular, se conjuga como 'calentar'.
manir_ se conjuga como 'abolir', es defectivo.
mantener_ irregular, se conjuga como 'tener'.
manutener_ irregular, se conjuga como 'tener'.
marcar_ regular, se conjuga como 'abanicar'.
martirizar_ regular, se conjuga como 'abalizar'.
mascar_ regular, se conjuga como 'abanicar'.
masificar_ regular, se conjuga como 'abanicar'.
masticar_ regular, se conjuga como 'abanicar'.
materializar_ regular, se conjuga como 'abalizar'.
maternizar_ regular, se conjuga como 'abalizar'.
matizar_ regular, se conjuga como 'abalizar'.
maullar_ regular, se conjuga como 'aunar'.
maximizar_ regular, se conjuga como 'abalizar'.
mecanizar_ regular, se conjuga como 'abalizar'.
mecanografiar_ regular, se conjuga como 'aliar'.
mediatizar_ regular, se conjuga como 'abalizar'.
medicar_ regular, se conjuga como 'abanicar'.

•MEDIR: irregular

INDICATIVO

Presente	Pretérito perfecto compuesto
mido	he medido
mides	has medido
mide	ha medido
medimos	hemos medido
medís	habéis medido
miden	han medido

Pretérito imperfecto	Pretérito pluscuamperfecto
medía	había medido
medías	habías medido
medía	había medido

medíamos	habíamos medido
medíais	habíais medido
medían	habían medido

Pret. perf. simple/indefinido	*Pretérito anterior*
medí	hube medido
mediste	hubiste medido
midió	hubo medido
medimos	hubimos medido
medisteis	hubisteis medido
midieron	hubieron medido

Futuro simple	*Futuro compuesto*
mediré	habré medido
medirás	habrás medido
medirá	habrá medido
mediremos	habremos medido
mediréis	habréis medido
medirán	habrán medido

Condicional simple	*Condicional compuesto*
mediría	habría medido
medirías	habrías medido
mediría	habría medido
mediríamos	habríamos medido
mediríais	habríais medido
medirían	habrían medido

SUBJUNTIVO

Presente	*Pretérito perfecto*
mida	haya medido
midas	hayas medido
mida	haya medido
midamos	hayamos medido
midáis	hayáis medido
midan	hayan medido

Pretérito imperfecto	*Pretérito pluscuamperfecto*
midiera/midiese	hubiera/hubiese medido
midieras/midieses	hubieras/hubieses medido

midiera/midiese	hubiera/hubiese medido
midiéramos/midiésemos	hubiéramos/hubiésemos medido
midierais/midieseis	hubierais/hubieseis medido
midieran/midiesen	hubieran/hubiesen medido

Futuro simple	*Futuro compuesto*
midiere	hubiere medido
midieres	hubieres medido
midiere	hubiere medido
midiéremos	hubiéremos medido
midiereis	hubiereis medido
midieren	hubieren medido

Imperativo

| mide | medid |
| mida | midan |

Formas no personales

Infinitivo: medir
Infinitivo compuesto: haber medido
Gerundio: midiendo
Gerundio compuesto: habiendo medido
Participio: medido

melar_ irregular, se conjuga como 'calentar'.
melificar_ regular, se conjuga como 'abanicar'.
memorizar_ regular, se conjuga como 'abalizar'.
menstruar_ regular, se conjuga como 'actuar'.
mentalizar_ regular, se conjuga como 'abalizar'.
mentar_ irregular, se conjuga como 'calentar'.
mentir_ irregular, se conjuga como 'adherir'.
mercar_ regular, se conjuga como 'abanicar'.
merecer_ irregular, se conjuga como 'compadecer'.
merendar_ irregular, se conjuga como 'calentar'.
mestizar_ regular, se conjuga como 'abalizar'.
metaforizar_ regular, se conjuga como 'abalizar'.
metalizar_ regular, se conjuga como 'abalizar'.
militarizar_ regular, se conjuga como 'abalizar'.
mimetizar_ regular, se conjuga como 'abalizar'.
mineralizar_ regular, se conjuga como 'abalizar'.
miniaturizar_ regular, se conjuga como 'abalizar'.

mistificar_ regular, se conjuga como 'abanicar'.
mitificar_ regular, se conjuga como 'abanicar'.
mixtificar_ regular, se conjuga como 'abanicar'.
modernizar_ regular, se conjuga como 'abalizar'.
modificar_ regular, se conjuga como 'abanicar'.
moler_ irregular, se conjuga como 'mover'.
momificar_ regular, se conjuga como 'abanicar'.
monetizar_ regular, se conjuga como 'abalizar'.
monopolizar_ regular, se conjuga como 'abalizar'.
moralizar_ regular, se conjuga como 'abalizar'.
morder_ irregular, se conjuga como 'mover'.
morir_ irregular, se conjuga como 'dormir'. Participio irregular:
    muerto.
mortificar_ regular, se conjuga como 'abanicar'.
mostrar_ irregular, se conjuga como 'demostrar'.
motorizar_ regular, se conjuga como 'abalizar'.

•MOVER: irregular

INDICATIVO

Presente	Pretérito perfecto compuesto
muevo	he movido
mueves	has movido
mueve	ha movido
movemos	hemos movido
movéis	habéis movido
mueven	han movido

Pretérito imperfecto	Pretérito pluscuamperfecto
movía	había movido
movías	habías movido
movía	había movido
movíamos	habíamos movido
movíais	habíais movido
movían	habían movido

Pret. perf. simple/indefinido	Pretérito anterior
moví	hube movido
moviste	hubiste movido
movió	hubo movido
movimos	hubimos movido

movisteis	hubisteis movido
movieron	hubieron movido

Futuro simple	*Futuro compuesto*
moveré	habré movido
moverás	habrás movido
moverá	habrá movido
moveremos	habremos movido
moveréis	habréis movido
moverán	habrán movido

Condicional simple	*Condicional compuesto*
movería	habría movido
moverías	habrías movido
movería	habría movido
moveríamos	habríamos movido
moveríais	habríais movido
moverían	habrían movido

SUBJUNTIVO

Presente	*Pretérito perfecto*
mueva	haya movido
muevas	hayas movido
mueva	haya movido
movamos	hayamos movido
mováis	hayáis movido
muevan	hayan movido

Pretérito imperfecto	*Pretérito pluscuamperfecto*
moviera/moviese	hubiera/hubiese movido
movieras/movieses	hubieras/hubieses movido
moviera/moviese	hubiera/hubiese movido
moviéramos/moviésemos	hubiéramos/hubiésemos movido
movierais/movieseis	hubierais/hubieseis movido
movieran/moviesen	hubieran/hubiesen movido

Futuro simple	*Futuro compuesto*
moviere	hubiere movido
movieres	hubieres movido
moviere	hubiere movido

moviéremos
moviereis
movieren

hubiéremos movido
hubiereis movido
hubieren movido

Imperativo

mueve	moved
mueva	muevan

Formas no personales

Infinitivo: mover
Infinitivo compuesto: haber movido
Gerundio: moviendo
Gerundio compuesto: habiendo movido
Participio: movido

movilizar_ regular, se conjuga como 'abalizar'.
multiplicar_ regular, se conjuga como 'abanicar'.

•MULLIR: irregular

INDICATIVO

Presente	Pretérito perfecto compuesto
mullo	he mullido
mulles	has mullido
mulle	ha mullido
mullimos	hemos mullido
mullís	habéis mullido
mullen	han mullido

Pretérito imperfecto	Pretérito pluscuamperfecto
mullía	había mullido
mullías	habías mullido
mullía	había mullido
mullíamos	habíamos mullido
mullíais	habíais mullido
mullían	habían mullido

Pret. perf. simple/indefinido	Pretérito anterior
mullí	hube mullido
mulliste	hubiste mullido
mulló	hubo mullido

mullimos	hubimos mullido
mullisteis	hubisteis mullido
mulleron	hubieron mullido

Futuro simple	*Futuro compuesto*
mulliré	habré mullido
mullirás	habrás mullido
mullirá	habrá mullido
mulliremos	habremos mullido
mulliréis	habréis mullido
mullirán	habrán mullido

Condicional simple	*Condicional compuesto*
mulliría	habría mullido
mullirías	habrías mullido
mulliría	habría mullido
mulliríamos	habríamos mullido
mulliríais	habríais mullido
mullirían	habrían mullido

SUBJUNTIVO

Presente	*Pretérito perfecto*
mulla	haya mullido
mullas	hayas mullido
mulla	haya mullido
mullamos	hayamos mullido
mulláis	hayáis mullido
mullan	hayan mullido

Pretérito imperfecto	*Pretérito pluscuamperfecto*
mullera/mullese	hubiera/hubiese mullido
mulleras/mulleses	hubieras/hubieses mullido
mullera/mullese	hubiera/hubiese mullido
mulléramos/mullésemos	hubiéramos/hubiésemos mullido
mullerais/mulleseis	hubierais/hubieseis mullido
mulleran/mullesen	hubieran/hubiesen mullido

Futuro simple	*Futuro compuesto*
mullere	hubiere mullido
mulleres	hubieres mullido

mullere	hubiere mullido
mulléremos	hubiéremos mullido
mullereis	hubiereis mullido
mulleren	hubieren mullido

Imperativo

mulle	mullid
mulla	mullan

Formas no personales

Infinitivo: mullir
Infinitivo compuesto: haber mullido
Gerundio: mullendo
Gerundio compuesto: habiendo mullido
Participio: mullido

mundificar_ regular, se conjuga como 'abanicar'.
municipalizar_ regular, se conjuga como 'abalizar'.
musicalizar_ regular, se conjuga como 'abalizar'.
musicar_ regular, se conjuga como 'abanicar'.

N

nacer_ irregular, se conjuga como 'compadecer'.
nacionalizar_ regular, se conjuga como 'abalizar'.
narcotizar_ regular, se conjuga como 'abalizar'.
nasalizar_ regular, se conjuga como 'abalizar'.
naturalizar_ regular, se conjuga como 'abalizar'.
negar_ irregular, se conjuga como 'denegar'.
negrecer_ irregular, se conjuga como 'compadecer'.
neutralizar_ regular, se conjuga como 'abalizar'.
nevar_ irregular, se conjuga como 'calentar'. Verbo impersonal.
nidificar_ regular, se conjuga como 'abanicar'.
normalizar_ regular, se conjuga como 'abalizar'.
normativizar_ regular, se conjuga como 'abalizar'.
notificar_ regular, se conjuga como 'abanicar'.

O

obcecar_ regular, se conjuga como 'abanicar'.
obedecer_ irregular, se conjuga como 'compadecer'.

obstaculizar_ regular, se conjuga como 'abalizar'.
obstruir_ irregular, se conjuga como 'afluir'.
obtener_ irregular, se conjuga como 'tener'.
ocluir_ irregular, se conjuga como 'afluir'.
oficializar_ regular, se conjuga como 'abalizar'.
ofrecer_ irregular, se conjuga como 'compadecer'.
ofuscar_ regular, se conjuga como 'abanicar'.

•OÍR: irregular

INDICATIVO

Presente	Pretérito perfecto compuesto
oigo	he oído
oyes	has oído
oye	ha oído
oímos	hemos oído
oís	habéis oído
oyen	han oído

Pretérito imperfecto	Pretérito pluscuamperfecto
oía	había oído
oías	habías oído
oía	había oído
oíamos	habíamos oído
oíais	habíais oído
oían	habían oído

Pret. perf. simple/indefinido	Pretérito anterior
oí	hube oído
oíste	hubiste oído
oyó	hubo oído
oímos	hubimos oído
oísteis	hubisteis oído
oyeron	hubieron oído

Futuro simple	Futuro compuesto
oirá	habré oído
oirás	habrás oído
oirá	habrá oído
oiremos	habremos oído
oiréis	habréis oído
oirán	habrán oído

Condicional simple	Condicional compuesto
oiría	habría oído
oirías	habrías oído
oiría	habría oído
oiríamos	habríamos oído
oiríais	habríais oído
oirían	habrían oído

SUBJUNTIVO

Presente	Pretérito perfecto
oiga	haya oído
oigas	hayas oído
oiga	haya oído
oigamos	hayamos oído
oigáis	hayáis oído
oigan	hayan oído

Pretérito imperfecto	Pretérito pluscuamperfecto
oyera/oyese	hubiera/hubiese oído
oyeras/oyeses	hubieras/hubieses oído
oyera/oyese	hubiera/hubiese oído
oyéramos/oyésemos	hubiéramos/hubieseis oído
oyerais/oyeseis	hubierais/hubieseis oído
oyeran/oyesen	hubieran/hubiesen oído

Futuro simple	Futuro compuesto
oyere	hubire oído
oyeres	hubieres oído
oyere	hubiere oído
oyéremos	hubiéremos oído
oyereis	hubiereis oído
oyeren	hubieren oído

Imperativo

oye	oíd
oiga	oigan

Formas no personales

Infinitivo: oír
Infinitivo compuesto: haber oído

Gerundio: oyendo
Gerundio compuesto: habiendo oído
Participio: oído

•OLER: irregular

INDICATIVO

Presente	*Pretérito perfecto compuesto*
huelo	he olido
hueles	has olido
huele	ha olido
olemos	hemos olido
oléis	habéis olido
huelen	han olido

Pretérito imperfecto	*Pretérito pluscuamperfecto*
olía	había olido
olías	habías olido
olía	había olido
olíamos	habíamos olido
olíais	habíais olido
olían	habían olido

Pret. perf. simple/indefinido	*Pretérito anterior*
olí	hube olido
oliste	hubiste olido
olió	hubo olido
olimos	hubimos olido
olisteis	hubisteis olido
olieron	hubieron olido

Futuro simple	*Futuro compuesto*
oleré	habré olido
olerás	habrás olido
olerá	habrá olido
oleremos	habremos olido
oleréis	habréis olido
olerán	habrán olido

Condicional simple	*Condicional compuesto*
olería	habría olido
olerías	habrías olido

olería   habría olido
oleríamos   habríamos olido
oleríais   habríais olido
olerían   habrían olido

SUBJUNTIVO

Presente	Pretérito perfecto
huela	haya olido
huelas	hayas olido
huela	haya olido
olamos	hayamos olido
oláis	hayáis olido
huelan	hayan olido

Pretérito imperfecto	Pretérito pluscuamperfecto
oliera/oliese	hubiera/hubiese olido
olieras/olieses	hubieras/hubieses olido
oliera/oliese	hubiera/hubiese olido
oliéramos/oliésemos	hubiéramos/hubiésemos olido
olierais/olieseis	hubierais/hubieseis olido
olieran/oliesen	hubieran/hubiesen olido

Futuro simple	Futuro compuesto
oliere	hubiere olido
olieres	hubieres olido
oliere	hubiere olido
oliéremos	hubiéremos olido
oliereis	hubiereis olido
olieren	hubieren olido

Imperativo

huele	oled
huela	huelan

Formas no personales

Infinitivo: oler
Infinitivo compuesto: haber olido
Gerundio: oliendo
Gerundio compuesto: habiendo olido
Participio: olido

oliscar_ regular, se conjuga como 'abanicar'.
oponer_ irregular, se conjuga como 'poner'.
optimizar_ regular, se conjuga como 'abalizar'.
organizar_ regular, se conjuga como 'abalizar'.
oscurecer_ irregular, se conjuga como 'compadecer'. Verbo
    impersonal.

P

pacer_ irregular, se conjuga como 'compadecer'.
pacificar_ regular, se conjuga como 'abanicar'.
padecer_ irregular, se conjuga como 'compadecer'.
paganizar_ regular, se conjuga como 'abalizar'.
palatalizar_ regular, se conjuga como 'abalizar'.
palidecer_ irregular, se conjuga como 'compadecer'.
parabolizar_ regular, se conjuga como 'abalizar'.
paralizar_ regular, se conjuga como 'abalizar'.
paralogizar_ regular, se conjuga como 'abalizar'.
parcializar_ regular, se conjuga como 'abalizar'.
parecer_ irregular, se conjuga como 'compadecer'.
particularizar_ regular, se conjuga como 'abalizar'.
pasterizar_ regular, se conjuga como 'abalizar'.
pasteurizar_ regular, se conjuga como 'abalizar'.
patentizar_ regular, se conjuga como 'abalizar'.
peatonalizar_ regular, se conjuga como 'abalizar'.
pecar_ regular, se conjuga como 'abanicar'.
pedir_ irregular, se conjuga como 'medir'.
pellizcar_ regular, se conjuga como 'abanicar'.
penalizar_ regular, se conjuga como 'abalizar'.
pensar_ irregular, se conjuga como 'calentar'.
perder_ irregular, se conjuga como 'tender'.
perecer_ irregular, se conjuga como 'compadecer'.
periodizar_ regular, se conjuga como 'abalizar'.
perjudicar_ regular, se conjuga como 'abanicar'.
permanecer_ irregular, se conjuga como 'compadecer'.
perniquebrar_ irregular, se conjuga como 'calentar'.
perpetuar_ regular, se conjuga como 'actuar'.
perseguir_ irregular, se conjuga como 'medir'.
personalizar_ regular, se conjuga como 'abalizar'.
personificar_ regular, se conjuga como 'abanicar'.

pertenecer_ irregular, se conjuga como 'compadecer'.
pervertir_ irregular, se conjuga como 'adherir'.
pescar_ regular, se conjuga como 'abanicar'.
petrificar_ regular, se conjuga como 'abanicar'.
piar_ regular, se conjuga como 'aliar'.
picarizar_ regular, se conjuga como 'abalizar'.
pimpollecer_ irregular, se conjuga como 'compadecer'.
pinzar_ regular, se conjuga como 'abalizar'.
placar_ regular, se conjuga como 'abanicar'.

•PLACER: irregular

INDICATIVO

Presente	**Pretérito perfecto compuesto**
plazco	he placido
places	has placido
place	ha placido
placemos	hemos placido
placéis	habéis placido
placen	han placido

Pretérito imperfecto	**Pretérito pluscuamperfecto**
placía	había placido
placías	habías placido
placía	había placido
placíamos	habíamos placido
placíais	habíais placido
placían	habían placido

Pret. perf. simple/indefinido	**Pretérito anterior**
plací	hube placido
placiste	hubiste placido
plació	hubo placido
placimos	hubimos placido
placisteis	hubisteis placido
placieron	hubieron placido

Futuro simple	**Futuro compuesto**
placeré	habrá placido
placerás	habrás placido
placerá	habrá placido

placeremos   habremos placido
placeréis   habréis placido
placerán   habrán placido

Condicional simple	*Condicional compuesto*

placería   habría placido
placerías   habrías placido
placería   habría placido
placeríamos   habríamos placido
placeríais   habríais placido
placerían   habrían placido

SUBJUNTIVO

Presente	*Pretérito perfecto*

plazca   haya placido
plazcas   hayas placido
plazca   haya placido
plazcamos   hayamos placido
plazcáis   hayáis placido
plazcan   hayan placido

Pretérito imperfecto	*Pretérito pluscuamperfecto*

placiera/placiese   hubiera/hubiese placido
placieras/placieses   hubieras/hubieses placido
placiera/placiese   hubiera/hubiese placido
placiéramos/placiésemos   hubiéramos/hubiésemos placido
placierais/placieseis   hubierais/hubieseis placido
placieran/placiesen   hubieran/hubiesen placido

Futuro simple	*Futuro compuesto*

placiere   hubiere placido
placieras   hubieres placido
placiere   hubiere placido
placiéremos   hubiéremos placido
placiereis   hubiereis placido
placieren   hubieren placido

Imperativo	

place   placed
plazca   plazcan

Formas no personales

Infinitivo: placer
Infinitivo compuesto: haber placido
Gerundio: placiendo
Gerundio compuesto: habiendo placido
Participio: placido

planificar_ regular, se conjuga como 'abanicar'.
plantificar_ regular, se conjuga como 'abanicar'.
plañir_ irregular, se conjuga como 'mullir'.
plastecer_ irregular, se conjuga como 'compadecer'.
plastificar_ regular, se conjuga como 'abanicar'.
platicar_ regular, se conjuga como 'abanicar'.
plegar_ irregular, se conjuga como 'denegar'.
pluralizar_ regular, se conjuga como 'abalizar'.
poblar_ irregular, se conjuga como 'acordar'.

•PODER: irregular

INDICATIVO

Presente	Pretérito perfecto compuesto
puedo	he podido
puedes	has podido
puede	ha podido
podemos	hemos podido
podéis	habéis podido
pueden	han podido

Pretérito imperfecto	Pretérito pluscuamperfecto
podía	había podido
podías	habías podido
podía	había podido
podíamos	habíamos podido
podíais	habíais podido
podían	habían podido

Pret. perf. simple/indefinido	Pretérito anterior
pude	hube podido
pudiste	hubiste podido
pudo	hubo podido
pudimos	hubimos podido

| pudisteis | hubisteis podido |
| pudieron | hubieron podido |

Futuro simple	*Futuro compuesto*
podré	habré podido
podrás	habrás podido
podrá	habrá podido
podremos	habremos podido
podréis	habréis podido
podrán	habrán podido

Condicional simple	*Condicional compuesto*
podría	habría podido
podría	habrías podido
podría	habría podido
podríamos	habríamos podido
podríais	habríais podido
podrían	habrían podido

SUBJUNTIVO

Presente	*Pretérito perfecto*
pueda	haya podido
puedas	hayas podido
pueda	haya podido
podamos	hayamos podido
podáis	hayáis podido
puedan	hayan podido

Pretérito imperfecto	*Pretérito pluscuamperfecto*
pudiera/pudiese	hubiera/hubiese podido
pudieras/pudieses	hubieras/hubieses podido
pudiera/pudiese	hubiera/hubiese podido
pudiéramos/pudiésemos	hubiéramos/hubiésemos podido
pudierais/pudieseis	hubierais/hubieseis podido
pudieran/pudiesen	hubieran/hubiesen podido

Futuro simple	*Futuro compuesto*
pudiere	hubiere podido
pudieres	hubieres podido
pudiere	hubiere podido

pudiéremos	hubiéremos podido
pudiereis	hubiereis podido
pudieren	hubieren podido

Imperativo

| puede | poded |
| pueda | puedan |

Formas no personales

Infinitivo: poder
Infinitivo compuesto: haber podido
Gerundio: pudiendo
Gerundio compuesto: habiendo podido
Participio: podido

podrir_ verbo defectivo, sólo se usa el infinitivo: podrir, y el participio: podrido.
poetizar_ regular, se conjuga como 'abalizar'.
polarizar_ regular, se conjuga como 'abalizar'.
polemizar_ regular, se conjuga como 'abalizar'.
polinizar_ regular, se conjuga como 'abalizar'.
politizar_ regular, se conjuga como 'abalizar'.
polvorizar_ regular, se conjuga como 'abalizar'.

•PONER: irregular

INDICATIVO

Presente	*Pretérito perfecto compuesto*
pongo	he puesto
pones	has puesto
pone	ha puesto
ponemos	hemos puesto
ponéis	habéis puesto
ponen	han puesto

Pretérito imperfecto	*Pretérito pluscuamperfecto*
ponía	había puesto
ponía	habías puesto
ponía	había puesto
poníamos	habíamos puesto
poníais	habíais puesto
ponían	habían puesto

Pret. perf. simple/indefinido	Pretérito anterior
puse	hube puesto
pusiste	hubiste puesto
puso	hubo puesto
pusimos	hubimos puesto
pusisteis	hubisteis puesto
pusieron	hubieron puesto

Futuro simple	Futuro compuesto
pondré	habré puesto
pondrás	habrás puesto
pondrá	habrá puesto
pondremos	habremos puesto
pondréis	habréis puesto
pondrán	habrán puesto

Condicional simple	Condicional compuesto
pondría	habría puesto
pondrías	habrías puesto
pondría	habría puesto
pondríamos	habríamos puesto
pondríais	habríais puesto
pondrían	habrían puesto

SUBJUNTIVO

Presente	Pretérito perfecto
ponga	haya puesto
pongas	hayas puesto
ponga	haya puesto
pongamos	hayamos puesto
pongáis	hayáis puesto
pongan	hayan puesto

Pretérito imperfecto	Pretérito pluscuamperfecto
pusiera/pusiese	hubiera/hubiese puesto
pusieras/pusieses	hubieras/hubieses puesto
pusiera/pusiese	hubiera/hubiese puesto
pusiéramos/pusiésemos	hubiéramos/hubiésemos puesto
pusierais/pusieseis	hubierais/hubieseis puesto
pusieran/pusiesen	hubieran/hubiesen puesto

Futuro simple	*Futuro compuesto*
pusiere	hubiere puesto
pusieres	hubieres puesto
pusiere	hubiere puesto
pusiéremos	hubiéremos puesto
pusiereis	hubiereis puesto
pusieren	hubieren puesto

Imperativo

pon	poned
ponga	pongan

Formas no personales

Infinitivo: poner
Infinitivo compuesto: haber puesto
Gerundio: poniendo
Gerundio compuesto: habiendo puesto
Participio: puesto

pontificar_ regular, se conjuga como 'abanicar'.
popularizar_ regular, se conjuga como 'abalizar'.
porfiar_ regular, se conjuga como 'aliar'.
pormenorizar_ regular, se conjuga como 'abalizar'.
poseer_ irregular, se conjuga como 'leer'.
posponer_ irregular, se conjuga como 'poner'.
potabilizar_ regular, se conjuga como 'abalizar'.
practicar_ regular, se conjuga como 'abanicar'.
preceptuar_ regular, se conjuga como 'actuar'.
preconcebir_ irregular, se conjuga como 'medir'.
preconocer_ irregular, se conjuga como 'compadecer'.
predecir_ irregular, se conjuga como 'decir'.
predicar_ regular, se conjuga como 'abanicar'.
predisponer_ irregular, se conjuga como 'poner'.
preelegir_ irregular, se conjuga como 'colegir'.
preferir_ irregular, se conjuga como 'adherir'.
preinscribir_ regular, pero participio irregular: preinscrito.
prelucir_ irregular, se conjuga como 'lucir'.
premorir_ irregular, se conjuga como 'dormir'. Participio irregular: premuerto.
premostrar_ irregular, se conjuga como 'acordar'.
preponer_ irregular, se conjuga como 'poner'.

prescribir_ regular, participio irregular: prescrito.

presentir_ irregular, se conjuga como 'adherir'.

presuponer_ irregular, se conjuga como 'poner'.

presurizar_ regular, se conjuga como 'abalizar'.

preterir_ defectivo, carece de las mismas formas que 'abolir'.

prevalecer_ irregular, se conjuga como 'compadecer'.

prevaler_ irregular, se conjuga como 'valer'.

prevenir_ irregular, se conjuga como 'venir'.

priorizar_ regular, se conjuga como 'abalizar'.

privatizar_ regular, se conjuga como 'abalizar'.

probar_ irregular, se conjuga como 'acordar'.

problematizar_ regular, se conjuga como 'abalizar'.

producir_ irregular, se conjuga como 'conducir'.

proferir_ irregular, se conjuga como 'adherir'.

profesionalizar_ regular, se conjuga como 'abalizar'.

profetizar_ regular, se conjuga como 'abalizar'.

profundizar_ regular, se conjuga como 'abalizar'.

promover_ irregular, se conjuga como 'mover'.

pronosticar_ regular, se conjuga como 'abanicar'.

proponer_ irregular, se conjuga como 'poner'.

proscribir_ regular, participio irregular: proscrito.

proseguir_ irregular, se conjuga como 'seguir'.

prosificar_ regular, se conjuga como 'abanicar'.

prostituir_ irregular, se conjuga como 'afluir'.

protagonizar_ regular, se conjuga como 'abalizar'.

protocolizar_ regular, se conjuga como 'abalizar'.

proveer_ irregular, se conjuga como 'leer'. Participio irregular: provisto.

provenir_ irregular, se conjuga como 'venir'.

provocar_ regular, se conjuga como 'abanicar'.

psicoanalizar_ regular, se conjuga como 'abalizar'.

puar_ regular, se conjuga como 'actuar'.

publicar_ regular, se conjuga como 'abanicar'.

pudrir_ regular, participio irregular: podrido.

pulverizar_ regular, se conjuga como 'abalizar'.

puntualizar_ regular, se conjuga como 'abalizar'.

puntuar_ regular, se conjuga como 'actuar'.

punzar_ regular, se conjuga como 'abalizar'.

purificar_ regular, se conjuga como 'abanicar'.

Q

quebrar_ irregular, se conjuga como 'calentar'.

•QUERER: irregular

INDICATIVO

Presente	*Pretérito perfecto compuesto*
quiero	he querido
quieres	has querido
quiere	ha querido
queremos	hemos querido
queréis	habéis querido
quieren	han querido

Pretérito imperfecto	*Pretérito pluscuamperfecto*
quería	había querido
querías	habías querido
quería	había querido
queríamos	habíamos querido
queríais	habíais querido
querían	habían querido

Pret. perf. simple/indefinido	*Pretérito anterior*
quise	hube querido
quisiste	hubiste querido
quiso	hubo querido
quisimos	hubimos querido
quisisteis	hubisteis querido
quisieron	hubieron querido

Futuro simple	*Futuro compuesto*
querré	habré querido
querrás	habrás querido
querrá	habrá querido
querremos	habremos querido
querréis	habréis querido
querrán	habrán querido

Condicional simple	*Condicional compuesto*
querría	habría querido
querrías	habrías querido

querría	habría querido
querríamos	habríamos querido
querríais	habríais querido
querrían	habrían querido

SUBJUNTIVO

Presente	*Pretérito perfecto*
quiera	haya querido
quieras	hayas querido
quiera	haya querido
queramos	hayamos querido
queráis	hayáis querido
quieran	hayan querido

Pretérito imperfecto	*Pretérito pluscuamperfecto*
quisiera/quisiese	hubiera/hubiese querido
quisieras/quisieses	hubieras/hubieses querido
quisiera/quisiese	hubiera/hubiese querido
quisiéramos/quisiésemos	hubiéramos/hubiésemos querido
quisierais/quisieseis	hubierais/hubieseis querido
quisieran/quisiesen	hubieran/hubiesen querido

Futuro simple	*Futuro compuesto*
quisiere	hubiere querido
quisieres	hubieres querido
quisiere	hubiere querido
quisiéremos	hubiéremos querido
quisiereis	hubiereis querido
quisieren	hubieren querido

Imperativo

quiere	quered
quiera	quieran

Formas no personales

Infinitivo: querer
Infinitivo compuesto: haber querido
Gerundio: queriendo
Gerundio compuesto: habiendo querido
Participio: querido

quintuplicar_ regular, se conjuga como 'abanicar'.

R

racionalizar_ regular, se conjuga como 'abalizar'.
radicalizar_ regular, se conjuga como 'abalizar'.
radicar_ regular, se conjuga como 'abanicar'.
radiografiar_ regular, se conjuga como 'aliar'.

•RAER: irregular

INDICATIVO

Presente	Pretérito perfecto compuesto
rao/raigo/rayo	he raído
raes	has raído
rae	ha raído
raemos	hemos raído
raéis	habéis raído
raen	han raído

Pretérito imperfecto	Pretérito pluscuamperfecto
raía	había raído
raías	habías raído
raía	había raído
raíamos	habíamos raído
raíais	habíais raído
raían	habían raído

Pret. perf. simple/indefinido	Pretérito anterior
raí	hube raído
raíste	hubiste raído
rayó	hubo raído
raímos	hubimos raído
raísteis	hubisteis raído
rayeron	hubieron raído

Futuro simple	Futuro compuesto
raeré	habré raído
raerás	habrás raído
raerá	habrá raído
raeremos	habremos raído
raeréis	habréis raído
raerán	habrán raído

Condicional simple	*Condicional compuesto*
raería	habría raído
raerías	habrías raído
raería	habría raído
raeríamos	habríamos raído
raeríais	habríais raído
raerían	habrían raído

SUBJUNTIVO

Presente	*Pretérito perfecto*
raiga/raya	haya raído
raigas/rayas	hayas raído
raiga/raya	haya raído
raigamos/rayamos	hayamos raído
raigáis/rayáis	hayáis raído
raigan/rayan	hayan raído

Pretérito imperfecto	*Pretérito pluscuamperfecto*
rayera/rayese	hubiera/hubiese raído
rayeras/rayeses	hubieras/hubieses raído
rayera/rayese	hubiera/hubiese raído
rayéramos/rayésemos	hubiéramos/hubiésemos raído
rayerais/rayeseis	hubierais/hubieseis raído
rayeran/rayesen	hubieran/hubiesen raído

Futuro simple	*Futuro compuesto*
rayere	hubiere raído
rayeres	hubieres raído
rayere	hubiere raído
rayéremos	hubiéremos raído
rayereis	hubiereis raído
rayeren	hubieren raído

Formas no personales

Infinitivo: raer
Infinitivo compuesto: haber raído
Gerundio: rayendo
Gerundio compuesto: habiendo raído
Participio: raído

ralentizar_ regular, se conjuga como 'abalizar'.
ramificar_ regular, se conjuga como 'abanicar'.
rarificar_ regular, se conjuga como 'abanicar'.
rascar_ regular, se conjuga como 'abanicar'.
ratificar_ regular, se conjuga como 'abanicar'.
reabrir_ regular, participio irregular: reabierto.
realizar_ regular, se conjuga como 'abalizar'.
realzar_ regular, se conjuga como 'abalizar'.
reaparecer_ irregular, se conjuga como 'compadecer'.
reapretar_ irregular, se conjuga como 'calentar'.
rebautizar_ regular, se conjuga como 'abalizar'.
reblandecer_ irregular, se conjuga como 'compadecer'.
rebozar_ regular, se conjuga como 'abalizar'.
rebullir_ irregular, se conjuga como 'mullir'.
recaer_ irregular, se conjuga como 'caer'.
recalcar_ regular, se conjuga como 'abanicar'.
recalcificar_ regular, se conjuga como 'abanicar'.
recalentar_ irregular, se conjuga como 'calentar'.
recalificar_ regular, se conjuga como 'abanicar'.
recentar_ irregular, se conjuga como 'calentar'.
receñir_ irregular, se conjuga como 'ceñir'.
recluir_ irregular, se conjuga como 'afluir'.
recocer_ irregular, se conjuga como 'cocer'.
recolar_ irregular, se conjuga como 'acordar'.
recolegir_ irregular, se conjuga como 'colegir'.
recomendar_ irregular, se conjuga como 'calentar'.
recomponer_ irregular, se conjuga como 'poner'.
reconducir_ irregular, se conjuga como 'conducir'.
reconocer_ irregular, se conjuga como 'compadecer'.
reconstituir_ irregular, se conjuga como 'afluir'.
reconstruir_ irregular, se conjuga como 'afluir'.
reconvenir_ irregular, se conjuga como 'venir'.
reconvertir_ irregular, se conjuga como 'adherir'.
recordar_ irregular, se conjuga como 'acordar'.
recostar_ irregular, se conjuga como 'acordar'.
recrecer_ irregular, se conjuga como 'compadecer'.
recriar_ regular, se conjuga como 'aliar'.
recrudecer_ irregular, se conjuga como 'compadecer'.
recruzar_- regular, se conjuga como 'abalizar'.
rectificar_ regular, se conjuga como 'abanicar'.
recubrir_ regular, participio irregular: recubierto.

redargüir_ irregular, se conjuga como 'argüir'.

redecir_ irregular, se conjuga como 'bendecir'. Participio: redicho.

reducir_ irregular, se conjuga como 'conducir'.

reduplicar_ regular, se conjuga como 'abanicar'.

reedificar_ regular, se conjuga como 'abalizar'.

reeducar_ regular, se conjuga como 'abanicar.'

reelegir_ irregular, se conjuga como 'colegir'.

reembarcar_ regular, se conjuga como 'abanicar'.

reemplazar_ regular, se conjuga como 'abalizar'.

reencontrar_ irregular, se conjuga como 'acordar'.

reenviar_ regular, se conjuga como 'aliar'.

reexpedir_ irregular, se conjuga como 'medir'.

referir_ irregular, se conjuga como 'adherir'.

reflorecer_ irregular, se conjuga como 'compadecer'.

refluir_ irregular, se conjuga como 'afluir'.

reforzar_ irregular, se conjuga como 'acordar'.

refregar_ irregular, se conjuga como 'denegar'. Dos participios: regular: refreído; irregular: refrito.

refrescar _ regular, se conjuga como 'abanicar'.

regar_ irregular, se conjuga como 'denegar'.

regimentar_ irregular, se conjuga como 'calentar'.

regir_ irregular, se conjuga como 'colegir'.

regoldar_ irregular, se conjuga como 'degollar'.

regruñir_ irregular, se conjuga como 'mullir'.

regularizar_ regular, se conjuga como 'abalizar'.

rehacer_ irregular, se conjuga como 'hacer'.

rehenchir_ irregular, se conjuga como 'medir'.

reherir_ irregular, se conjuga como 'adherir'.

reherrar_ irregular, se conjuga como 'calentar'.

rehervir_ irregular, se conjuga como 'adherir'.

rehollar_ irregular, se conjuga como 'acordar'.

rehuir_ irregular, se conjuga como 'afluir'.

rehumedecer_ irregular, se conjuga como 'compadecer'

•REÍR: irregular

INDICATIVO

Presente	Pretérito perfecto compuesto
río	he reído
ríes	has reído

ríe	ha reído
reímos	hemos reído
reís	habéis reído
ríen	han reído

Pretérito imperfecto	*Pretérito pluscuamperfecto*
reía	había reído
reías	habías reído
reía	había reído
reíamos	habíamos reído
reíais	habíais reído
reían	habían reído

Pret. perf. simple/indefinido	*Pretérito anterior*
reí	hube reído
reíste	hubiste reído
rió	hubo reído
reímos	hubimos reído
reísteis	hubisteis reído
rieron	hubieron reído

Futuro simple	*Futuro compuesto*
reiré	habré reído
reirás	habrás reído
reirá	habrá reído
reiremos	habremos reído
reiréis	habréis reído
reirán	habrán reído

Condicional simple	*Condicional compuesto*
reiría	habría reído
reirías	habrías reído
reiría	habría reído
reiríamos	habríamos reído
reiríais	habríais reído
reirían	habrían reído

SUBJUNTIVO

Presente	*Pretérito perfecto*
ría	haya reído
rías	hayas reído

ría	haya reído
riamos	hayamos reído
riáis	hayáis reído
rían	hayan reído

Pretérito imperfecto	*Pretérito pluscuamperfecto*
riera/riese	hubiera/hubiese reído
rieras/rieses	hubieras/hubieses reído
riera/riese	hubiera/hubiese reído
riéramos/riésemos	hubiéramos/hubiésemos reído
rierais/rieseis	hubierais/hubieseis reído
rieran/riesen	hubieran/hubiesen reído

Futuro simple	*Futuro compuesto*
riere	hubiere reído
rieres	hubieres reído
riere	hubiere reído
riéremos	hubiéremos reído
riereis	hubiereis reído
rieren	hubieren reído

Imperativo

ríe	reíd
ría	rían

Formas no personales

Infinitivo: reír
Infinitivo compuesto: haber reído
Gerundio: riendo
Gerundio compuesto: habiendo reído
Participio: reído

reivindicar_ regular, se conjuga como 'abanicar'.
rejuvenecer_ irregular, se conjuga como 'compadecer'.
relanzar_ regular, se conjuga como 'abalizar'.
relativizar_ regular, se conjuga como 'abalizar'.
releer_ irregular, se conjuga como 'leer'.
relucir_ irregular, se conjuga como 'lucir'.
remanecer_ irregular, se conjuga como 'compadecer'.
remarcar_ regular, se conjuga como 'abanicar'.

remedir_ irregular, se conjuga como 'medir'.
remendar_ irregular, se conjuga como 'calentar'.
remolcar_ regular, se conjuga como 'abanicar'.
remoler_ irregular, se conjuga como 'mover'.
remorder_ irregular, se conjuga como 'mover'.
remover_ irregular, se conjuga como 'mover'.
remozar_ regular, se conjuga como 'abalizar'.
remullir_ irregular, se conjuga como 'mullir'.
renacer_ irregular, se conjuga como 'compadecer'.
rendir_ irregular, se conjuga como 'medir'.
renegar_ irregular, se conjuga como 'denegar'.
renovar_ irregular, se conjuga como 'acordar'.
rentabilizar_ regular, se conjuga como 'abalizar'.

•REÑIR: irregular

INDICATIVO

Presente	Pretérito perfecto compuesto
riño	he reñido
riñes	has reñido
riñe	ha reñido
reñimos	hemos reñido
reñís	habéis reñido
riñen	han reñido

Pretérito imperfecto	Pretérito pluscuamperfecto
reñía	había reñido
reñías	habías reñido
reñía	había reñido
reñíamos	habíamos reñido
reñíais	habíais reñido
reñían	habían reñido

Pret. perf. simple/indefinido	Pretérito anterior
reñí	hube reñido
reñiste	hubiste reñido
riñó	hubo reñido
reñimos	hubimos reñido
reñisteis	hubisteis reñido
riñeron	hubieron reñido

Futuro simple	Futuro compuesto
reñiré	habré reñido
reñirás	habrás reñido
reñirá	habrá reñido
reñiremos	habremos reñido
reñiréis	habréis reñido
reñirán	habrán reñido

Condicional simple	Condicional compuesto
reñiría	habría reñido
reñirías	habrías reñido
reñiría	habría reñido
reñiríamos	habríamos reñido
reñiríais	habríais reñido
reñirían	habrían reñido

SUBJUNTIVO

Presente	Pretérito perfecto
riña	haya reñido
riñas	hayas reñido
riña	haya reñido
riñamos	hayamos reñido
riñáis	hayáis reñido
riñan	hayan reñido

Pretérito imperfecto	Pretérito pluscuamperfecto
riñera/riñese	hubiera/hubiese reñido
riñeras/riñeses	hubieras/hubieses reñido
riñera/riñese	hubiera/hubiese reñido
riñéramos/riñésemos	hubiéramos/hubiésemos reñido
riñerais/riñeseis	hubierais/hubieseis reñido
riñeran/riñesen	hubieran/hubiesen reñido

Futuro simple	Futuro compuesto
riñere	hubiere reñido
riñeres	hubieres reñido
riñere	hubiere reñido
riñéremos	hubiéremos reñido

riñereis   hubiereis reñido
riñeren   hubieren reñido

Imperativo

riñe   reñid
riña   riñan

Formas no personales

Infinitivo: reñir
Infinitivo compuesto: haber reñido
Gerundio: riñendo
Gerundio compuesto: habiendo reñido
Participio: reñido

reorganizar_ regular, se conjuga como 'abalizar'.
repacer_ irregular, se conjuga como 'compadecer'.
repensar_ irregular, se conjuga como 'calentar'.
repentizar_ regular, se conjuga como 'abalizar'.
repescar_ regular, se conjuga como 'abanicar'.
repetir_ irregular, se conjuga como 'medir'.
repicar_ regular, se conjuga como 'abanicar'.
replegar_ irregular, se conjuga como 'denegar'.
replicar_ regular, se conjuga como 'abanicar'.
repoblar_ irregular, se conjuga como 'acordar'.
reponer_ irregular, se conjuga como 'poner'.
reprobar_ irregular, se conjuga como 'acordar'.
reproducir_ irregular, se conjuga como 'conducir'.
requebrar_ irregular, se conjuga como 'calentar'.
requerir_ irregular, se conjuga como 'adherir'.
resalir_ irregular, se conjuga como 'salir'.
resegar_ irregular, se conjuga como 'denegar'.
reseguir_ irregular, se conjuga como 'seguir'.
resembrar_ irregular, se conjuga como 'calentar'.
resentirse_ irregular, se conjuga como 'adherir'.
resfriar_ regular, se conjuga como 'aliar'.
resolver_ irregular, se conjuga como 'mover'. Participio irregular: resuelto.
resollar_ irregular, se conjuga como 'acordar'.
resonar_ irregular, se conjuga como 'acordar'.
resplandecer_ irregular, se conjuga como 'compadecer'.

responsabilizar_ regular, se conjuga como 'abalizar'.
resquebrar_ irregular, se conjuga como 'calentar'.
restablecer_ irregular, se conjuga como 'compadecer'.
restituir_ irregular, se conjuga como 'afluir'.
restregar_ irregular, se conjuga como 'denegar'.
restriñir_ irregular, se conjuga como 'mullir'.
restallecer_ irregular, se conjuga como 'compadecer'.
retemblar_ irregular, se conjuga como 'calentar'.
retener_ irregular, se conjuga como 'tener'.
retentar_ irregular, se conjuga como 'calentar'.
reteñir_ irregular, se conjuga como 'reñir'.
retocar_ regular, se conjuga como 'abanicar'.
retoñecer_ irregular, se conjuga como 'compadecer'.
retorcer_ irregular, se conjuga como 'cocer'.
retoricar_ regular, se conjuga como 'abanicar'.
retostar_ irregular, se conjuga como 'acordar'.
retozar_ regular, se conjuga como 'abalizar'.
retraer_ irregular, se conjuga como 'traer'.
retribuir_ irregular, se conjuga como 'afluir'.
retronar_ irregular, se conjuga como 'acordar'.
retrotraer_ irregular, se conjuga como 'traer'.
reunificar_ regular, se conjuga como 'abanicar'.
reutilizar_ regular, se conjuga como 'abalizar'.
revalorizar_ regular, se conjuga como 'abalizar'.
revaluar_ regular, se conjuga como 'actuar'.
revejecer_ irregular, se conjuga como 'compadecer'.
revenir_ irregular, se conjuga como 'venir'.
reventar_ irregular, se conjuga como 'calentar'.
rever_ irregular, se conjuga como 'ver'.
reverdecer_ irregular, se conjuga como 'compadecer'.
reverter_ irregular, se conjuga como 'tender'.
revertir_ irregular, se conjuga como 'adherir'.
revestir_ irregular, se conjuga como 'medir'.
reivindicar_ regular, se conjuga como 'abanicar'.
revitalizar_ regular, se conjuga como 'abalizar'.
revocar_ regular, se conjuga como 'abanicar'.
revolar_ irregular, se conjuga como 'acordar'.
revolcar_ irregular, se conjuga como 'volcar'.
revolver_ irregular, se conjuga como 'mover'.
rezar_ regular, se conjuga como 'abalizar'.
ridiculizar_ regular, se conjuga como 'abalizar'.

riscar_ regular, se conjuga como 'abanicar'.
rivalizar_ regular, se conjuga como 'abalizar'.
rizar_ regular, se conjuga como 'abalizar'.
robotizar_ regular, se conjuga como 'abalizar'.
robustecer_ irregular, se conjuga como 'compadecer'.
rociar_ se conjuga como 'aliar'.
rodar_ irregular, se conjuga como 'acordar'.

•ROER: irregular

INDICATIVO

Presente	*Pretérito perfecto compuesto*
roo/roigo/royo	he roído
roes	has roído
roe	ha roído
roemos	hemos roído
roéis	habéis roído
roen	han roído

Pretérito imperfecto	*Pretérito pluscuamperfecto*
roía	había roído
roías	habías roído
roía	había roído
roíamos	habíamos roído
roíais	habíais roído
roían	habían roído

Pret. perf. simple/indefinido	*Pretérito anterior*
roí	hube roído
roíste	hubiste roído
royó	hubo roído
roímos	hubimos roído
roísteis	hubisteis roído
royeron	hubieron roído

Futuro simple	*Futuro compuesto*
roeré	habré roído
roerás	habrás roído
roerá	habrá roído
roeremos	habremos roído

| roeréis | habréis roído |
| roerán | habrán roído |

Condicional simple	*Condicional compuesto*
roería	habría roído
roería	habrías roído
roería	habría roído
roeríamos	habríamos roído
roeríais	habríais roído
roerían	habrían roído

SUBJUNTIVO

Presente	*Pretérito perfecto*
roa/roiga/roya	haya roído
roas/roigas/royas	hayas roído
roa/roiga/roya	haya roído
roamos/roigamos/royamos	hayamos roído
roáis/roigáis/royáis	hayáis roído
roan/roigan/royan	hayan roído

Pretérito imperfecto	*Pretérito pluscuamperfecto*
royera/royese	hubiera/hubiese roído
royeras/royeses	hubieras/hubieses roído
royera/royese	hubiera/hubiese roído
royéramos/royésemos	hubiéramos/hubiésemos roído
royerais/royeseis	hubierais/hubieseis roído
royeran/royesen	hubieran/hubiesen roído

Futuro simple	*Futuro compuesto*
royere	hubiere roído
royeres	hubieres roído
royere	hubiere roído
royéremos	hubiéremos roído
royereis	hubiereis roído
royeren	hubieren roído

Imperativo	
roe	roed
roa	roan

Formas no personales

Infinitivo: roer
Infinitivo compuesto: haber roído
Gerundio: royendo
Gerundio compuesto: habiendo roído
Participio: roído

•ROGAR: irregular

INDICATIVO

Presente	*Pretérito perfecto compuesto*
ruego	he rogado
ruegas	has rogado
ruega	ha rogado
rogamos	hemos rogado
rogáis	habéis rogado
ruegan	han rogado

Pretérito imperfecto	*Pretérito pluscuamperfecto*
rogaba	había rogado
rogabas	habías rogado
rogaba	había rogado
rogábamos	habíamos rogado
rogabais	habíais rogado
rogaban	habían rogado

Pret. perf. simple/indefinido	*Pretérito anterior*
rogué	hube rogado
rogaste	hubiste rogado
rogó	hubo rogado
rogamos	hubimos rogado
rogasteis	hubisteis rogado
rogaron	hubieron rogado

Futuro simple	*Futuro compuesto*
rogaré	habré rogado
rogarás	habrás rogado
rogará	habrá rogado
rogaremos	habremos rogado

| rogaréis | habréis rogado |
| rogarán | habrán rogado |

Condicional simple	*Condicional compuesto*
rogaría	habría rogado
rogarías	habrías rogado
rogaría	habría rogado
rogaríamos	habríamos rogado
rogaríais	habríais rogado
rogarían	habrían rogado

SUBJUNTIVO

Presente	*Pretérito perfecto*
ruegue	haya rogado
ruegues	hayas rogado
ruegue	haya rogado
roguemos	hayamos rogado
roguéis	hayáis rogado
rueguen	hayan rogado

Pretérito imperfecto	*Pretérito pluscuamperfecto*
rogara/rogase	hubiera/hubiese rogado
rogaras/rogases	hubieras/hubieses rogado
rogara/rogase	hubiera/hubiese rogado
rogáramos/rogásemos	hubiéramos/hubiésemos rogado
rogarais/rogaseis	hubierais/hubieseis rogado
rogaran/rogasen	hubieran/hubiesen rogado

Futuro simple	*Futuro compuesto*
rogare	hubiere rogado
rogares	hubieres rogado
rogare	hubiere rogado
rogáremos	hubiéremos rogado
rogareis	hubiereis rogado
rogaren	hubieren rogado

Imperativo	
ruega	rogad
ruegue	rueguen

Formas no personales

Infinitivo: rogar
Infinitivo compuesto: haber rogado
Gerundio: rogando
Gerundio compuesto: habiendo rogado
Participio: rogado

romanizar_ regular, se conjuga como 'abalizar'.
romper_ regular, participio irregular: roto.
roncar_ regular, se conjuga como 'abanicar'.
ronzar_ regular, se conjuga como 'abalizar'.
rozar_ regular, se conjuga como 'abalizar'.
ruar_ se conjuga como 'actuar'.
ruborizar_ regular, se conjuga como 'abalizar'.
rubricar_ regular, se conjuga como 'abanicar'.

S

•SABER: irregular

INDICATIVO

Presente	*Pretérito perfecto compuesto*
sé	he sabido
sabes	has sabido
sabe	ha sabido
sabemos	hemos sabido
sabéis	habéis sabido
saben	han sabido

Pretérito imperfecto	*Pretérito pluscuamperfecto*
sabía	había sabido
sabías	habías sabido
sabía	había sabido
sabíamos	habíamos sabido
sabíais	habíais sabido
sabían	habían sabido

Pret. perf. simple/indefinido	*Pretérito anterior*
supe	hube sabido
supiste	hubiste sabido

supo	hubo sabido
supimos	hubimos sabido
supisteis	hubisteis sabido
supieron	hubieron sabido

Futuro simple	*Futuro compuesto*
sabré	habré sabido
sabrás	habrás sabido
sabrá	habrá sabido
sabremos	habremos sabido
sabréis	habréis sabido
sabrán	habrán sabido

Condicional simple	*Condicional compuesto*
sabría	habría sabido
sabrías	habrías sabido
sabría	habría sabido
sabríamos	habríamos sabido
sabríais	habríais sabido
sabrían	habrían sabido

SUBJUNTIVO

Presente	*Pretérito perfecto*
sepa	haya sabido
sepas	hayas sabido
sepa	haya sabido
sepamos	hayamos sabido
sepáis	hayáis sabido
sepan	hayan sabido

Pretérito imperfecto	*Pretérito pluscuamperfecto*
supiera/supiese	hubiera/hubiese sabido
supieras/supieses	hubieras/hubieses sabido
supiera/supiese	hubiera/hubiese sabido
supiéramos/supiésemos	hubiéramos/hubiésemos sabido
supierais/supieseis	hubierais/hubieseis sabido
supieran/supiesen	hubieran/hubiesen sabido

Futuro simple	*Futuro compuesto*
supiere	hubiere sabido
supieres	hubieres sabido

supiere	hubiere sabido
supiéremos	hubiéremos sabido
supiereis	hubiereis sabido
supieren	hubieren sabido

Imperativo

| sabe | sabed |
| sepa | sepan |

Formas no personales

Infinitivo: saber
Infinitivo compuesto: haber sabido
Gerundio: sabiendo
Gerundio compuesto: habiendo sabido
Participio: sabido

sacar_ regular, se conjuga como 'abanicar'.
sacrificar_ regular, se conjuga como 'abanicar'.
sahumar_ se conjuga como 'aunar'.

•SALIR: irregular

INDICATIVO

Presente	Pretérito perfecto compuesto
salgo	he salido
sales	has salido
sale	ha salido
salimos	hemos salido
salís	habéis salido
salen	han salido

Pretérito imperfecto	Pretérito pluscuamperfecto
salía	había salido
salías	habías salido
salía	había salido
salíamos	habíamos salido
salíais	habíais salido
salían	habían salido

Pret. perf. simple/indefinido	Pretérito anterior
salí	hube salido
saliste	hubiste salido

salió	hubo salido
salimos	hubimos salido
salisteis	hubisteis salido
salieron	hubieron salido

Futuro simple	*Futuro compuesto*
saldré	habré salido
saldrás	habrás salido
saldrá	habrá salido
saldremos	habremos salido
saldréis	habréis salido
saldrán	habrán salido

Condicional simple	*Condicional compuesto*
saldría	habría salido
saldrías	habrías salido
saldría	habría salido
saldríamos	habríamos salido
saldríais	habríais salido
saldrían	habrían salido

SUBJUNTIVO

Presente	*Pretérito perfecto*
salga	haya salido
salgas	hayas salido
salga	haya salido
salgamos	hayamos salido
salgáis	hayáis salido
salgan	hayan salido

Pretérito imperfecto	*Pretérito pluscuamperfecto*
saliera/saliese	hubiera/hubiese salido
salieras/salieses	hubieras/hubieses salido
saliera/saliese	hubiera/hubiese salido
saliéramos/saliésemos	hubiéramos/hubiésemos salido
salierais/salieseis	hubierais/hubieseis salido
salieran/saliesen	hubieran/hubiesen salido

Futuro simple	*Futuro compuesto*
saliere	hubiere salido
salieres	hubieres salido

saliere	hubiere salido
saliéremos	hubiéremos salido
saliereis	hubiereis salido
salieren	hubieren salido

Imperativo

sal	salid
salga	salgan

Formas no personales

Infinitivo: salir
Infinitivo compuesto: haber salido
Gerundio: saliendo
Gerundio compuesto: habiendo salido
Participio: salido

salpicar_ regular, se conjuga como 'abanicar'.
salpimentar_ irregular, se conjuga como 'calentar'.
salpullir_ irregular, se conjuga como 'mullir'.
santificar_ regular, se conjuga como 'abanicar'.
saponificar_ regular, se conjuga como 'abanicar'.
sarmentar_ irregular, se conjuga como 'calentar'.
sarpullir_ irregular, se conjuga como 'mullir'.
satanizar_ regular, se conjuga como 'abalizar'.
satirizar_ regular, se conjuga como 'abalizar'.
satisfacer_ irregular, se conjuga como 'hacer', salvo en la 2.ª
    persona singular del imperativo: satisface.
secar_ regular, se conjuga como 'abanicar'.
secularizar_ regular, se conjuga como 'abalizar'.
sedentarizar_ regular, se conjuga como 'abalizar'.
seducir_ irregular, se conjuga como 'conducir'.
segar_ irregular, se conjuga como 'denegar'.

•SEGUIR: irregular

INDICATIVO

Presente	Pretérito perfecto compuesto
sigo	he seguido
sigues	has seguido
sigue	ha seguido
seguimos	hemos seguido

216

seguís	habéis seguido
siguen	han seguido

Pretérito imperfecto	*Pretérito pluscuamperfecto*
seguía	había seguido
seguías	habías seguido
seguía	había seguido
seguíamos	habíamos seguido
seguíais	habíais seguido
seguían	habían seguido

Pret. perf. simple/indefinido	*Pretérito anterior*
seguí	hube seguido
seguiste	hubiste seguido
siguió	hubo seguido
seguimos	hubimos seguido
seguisteis	hubisteis seguido
siguieron	hubieron seguido

Futuro simple	*Futuro compuesto*
seguiré	habré seguido
seguirás	habrás seguido
seguirá	habrá seguido
seguiremos	habremos seguido
seguiréis	habréis seguido
seguirán	habrán seguido

Condicional simple	*Condicional compuesto*
seguiría	habría seguido
seguirías	habrías seguido
seguiría	habría seguido
seguiríamos	habríamos seguido
seguiríais	habríais seguido
seguirían	habrían seguido

SUBJUNTIVO

Presente	*Pretérito perfecto*
siga	haya seguido
sigas	hayas seguido
siga	haya seguido

sigamos	hayamos seguido
sigáis	hayáis seguido
sigan	hayan seguido

Pretérito imperfecto	*Pretérito pluscuamperfecto*
siguiera/siguiese	hubiera/hubiese seguido
siguieras/siguieses	hubieras/hubieses seguido
siguiera/siguiese	hubiera/hubiese seguido
siguiéramos/siguiésemos	hubiéramos/hubiésemos seguido
siguierais/siguieseis	hubierais/hubieseis seguido
siguieran/siguiesen	hubieran/hubiesen seguido

Futuro simple	*Futuro compuesto*
siguiere	hubiere seguido
siguieres	hubieres seguido
siguiere	hubiere seguido
siguiéremos	hubiéremos seguido
siguiereis	hubiereis seguido
siguieren	hubieren seguido

Imperativo	
sigue	seguid
siga	sigan

Formas no personales

Infinitivo: seguir
Infinitivo compuesto: haber seguido
Gerundio: siguiendo
Gerundio compuesto: habiendo seguido
Participio: seguido

sembrar_ irregular, se conjuga como 'calentar'.
sementar_ irregular, se conjuga como 'calentar'.
sensibilizar_ regular, se conjuga como 'abalizar'.
sentar_ irregular, se conjuga como 'calentar'.
sentir_ irregular, se conjuga como 'advertir'.
señalizar_ regular, se conjuga como 'abalizar'.

• SER: irregular

INDICATIVO

Presente	*Pretérito perfecto compuesto*
soy	he sido
eres	has sido
es	ha sido
somos	hemos sido
sois	habéis sido
son	han sido

Pretérito imperfecto	*Pretérito pluscuamperfecto*
era	había sido
eras	habías sido
era	había sido
éramos	habíamos sido
erais	habíais sido
eran	habían sido

Pret. perf. simple/indefinido	*Pretérito anterior*
fui	hube sido
fuiste	hubiste sido
fue	hubo sido
fuimos	hubimos sido
fuisteis	hubisteis sido
fueron	hubieron sido

Futuro simple	*Futuro compuesto*
seré	habré sido
serás	habrás sido
seré	habrá sido
seremos	habremos sido
seréis	habréis sido
serán	habrán sido

Condicional simple	*Condicional compuesto*
sería	habría sido
serías	habrías sido
sería	habría sido
seríamos	habríamos sido

| seríais | habríais sido |
| serían | habrían sido |

SUBJUNTIVO

Presente	*Pretérito perfecto*
sea	haya sido
seas	hayas sido
sea	haya sido
seamos	hayamos sido
seáis	hayáis sido
sean	hayan sido

Pretérito imperfecto	*Pretérito pluscuamperfecto*
fuera/fuese	hubiera/hubiese sido
fueras/fueses	hubieras/hubieses sido
fuera/fuese	hubiera/hubiese sido
fuéramos/fuésemos	hubiéramos/hubiésemos sido
fuerais/fueseis	hubierais/hubieseis sido
fueran/fuesen	hubieran/hubiesen sido

Futuro simple	*Futuro compuesto*
fuere	hubiere sido
fueres	hubieres sido
fuere	hubiere sido
fuéremos	hubiéremos sido
fuereis	hubiereis sido
fueren	hubieren sido

Imperativo

sé	sed
sea	sean

Formas no personales

Infinitivo: ser
Infinitivo compuesto: haber sido
Gerundio: siendo
Gerundio compuesto: habiendo sido
Participio: sido

serrar_ irregular, se conjuga como 'calentar'.
servir_ irregular, se conjuga como 'medir'.

sextuplicar_ regular, se conjuga como 'abanicar'.
significar_ regular, se conjuga como 'abanicar'.
simbolizar_ regular, se conjuga como 'abalizar'.
simpatizar_ regular, se conjuga como 'abalizar'.
simplificar_ regular, se conjuga como 'abanicar'.
sincronizar_ regular, se conjuga como 'abalizar'.
sindicar_ regular, se conjuga como 'abanicar'.
singularizar_ regular, se conjuga como 'abalizar'.
sintetizar_ regular, se conjuga como 'abalizar'.
sintonizar_ regular, se conjuga como 'abalizar'.
sistematizar_ regular, se conjuga como 'abalizar'.
situar_ se conjuga como 'actuar'.
sobreactuar_ se conjuga como 'actuar'.
sobrealzar_ regular, se conjuga como 'abalizar'.
sobrecalentar_ irregular, se conjuga como 'calentar'.
sobrecrecer_ irregular, se conjuga como 'compadecer'.
sobreedificar_ regular, se conjuga como 'abanicar'.
sobreentender _ irregular, se conjuga como 'tender'.
sobreexponer_ irregular, se conjuga como 'poner'.
sobreimprimir_ regular. Dos participios: regular: sobreimprimi-
    do; irregular: sobreimpreso.
sobrentender_ irregular, se conjuga como 'tender'.
sobreponer_ irregular, se conjuga como 'poner'.
sobresalir_ irregular, se conjuga como 'salir'.
sobrescribir_ regular, participio irregular: sobrescrito.
sobreseer_ irregular, se conjuga como 'leer'.
sobresembrar_ irregular, se conjuga como 'calentar'.
sobresolar_ irregular, se conjuga como 'acordar'.
sobrevenir_ irregular, se conjuga como 'venir'.
sobreverterse_ irregular, se conjuga como 'tender'.
sobrevestir_ irregular, se conjuga como 'medir'.
sobrevolar_ irregular, se conjuga como 'acordar'.
sociabilizar_ regular, se conjuga como 'abalizar'.
socializar_ regular, se conjuga como 'abalizar'.
sofisticar_ regular, se conjuga como 'abanicar'.
sofocar_ regular, se conjuga como 'abanicar'.
sofreír_ irregular, se conjuga como 'freír'.
solar_ irregular, se conjuga como 'acordar'.
soldar_ irregular, se conjuga como 'acordar'.
solemnizar_ regular, se conjuga como 'abalizar'.

•SOLER: irregular, verbo defectivo que sólo se conjuga en los siguientes tiempos:

Presente de indicativo

suelo	solemos
sueles	soléis
suele	suelen

Pretérito imperfecto de indicativo

solía	solíamos
solías	solíais
solía	solían

Presente de subjuntivo

suela	solamos
suelas	soláis
suela	suelan

Pretérito imperfecto de subjuntivo

soliera/soliese	soliéramos/soliésemos
solieras/solieses	solierais/solieseis
soliera/soliese	solieran/soliesen

Infinitivo

soler

solidarizar_ regular, se conjuga como 'abalizar'.
solidificar_ regular, se conjuga como 'abanicar'.
soltar_ irregular, se conjuga como 'acordar'.
sollozar_ regular, se conjuga como 'abalizar'.
somatizar_ regular, se conjuga como 'abalizar'.
sonar_ irregular, se conjuga como 'acordar'.
sonorizar_ regular, se conjuga como 'abalizar'.
sonreír_ irregular, se conjuga como 'reír'.
sonrodarse_ irregular, se conjuga como 'acordar'.
sonsacar_ regular, se conjuga como 'abanicar'.
soñar_ irregular, se conjuga como 'acordar'.
sorregar_ irregular, se conjuga como 'denegar'.
sosegar_ irregular, se conjuga como 'denegar'.
sostener_ irregular, se conjuga como 'tener'.
soterrar_ irregular, se conjuga como 'calentar'.

sovietizar_ regular, se conjuga como 'abalizar'.
suavizar_ regular, se conjuga como 'abalizar'.
subarrendar_ irregular, se conjuga como 'calentar'.
subentender_ irregular, se conjuga como 'tender'.
subscribir_ regular, participio irregular: subscrito.
subseguir_ irregular, se conjuga como 'seguir'.
subsolar_ irregular, se conjuga como 'acordar'.
substituir_ irregular, se conjuga como 'afluir'.
subtender_ irregular, se conjuga como 'tender'.
subvenir_ irregular, se conjuga como 'venir'.
subvertir_ irregular, se conjuga como 'advertir'.
subyacer_ irregular, se conjuga como 'yacer'.
sugerir_ irregular, se conjuga como 'adherir'.
superentender_ irregular, se conjuga como 'tender'.
superpoblar_ irregular, se conjuga como 'acordar'.
superponer_ irregular, se conjuga como 'poner'.
supervenir_ irregular, se conjuga como 'venir'.
suplicar_ regular, se conjuga como 'abanicar'.
suponer_ irregular, se conjuga como 'poner'.
surcar_ regular, se conjuga como 'abanicar'.
suscribir_ regular, participio irregular: suscrito.
sustituir_ irregular, se conjuga como 'afluir'.
sustraer_ irregular, se conjuga como 'traer'.
sutilizar_ regular, se conjuga como 'abalizar'.

T

tabicar_ regular, se conjuga como 'abanicar'.
tallecer_ irregular, se conjuga como 'compadecer'.
tamizar_ regular, se conjuga como 'abalizar'.

•TAÑER: irregular

INDICATIVO

Presente	***Pretérito perfecto compuesto***
taño	he tañido
tañes	has tañido
tañe	ha tañido
tañemos	hemos tañido
tañéis	habéis tañido
tañen	han tañido

Pretérito imperfecto	*Pretérito pluscuamperfecto*
tañía	había tañido
tañías	habías tañido
tañía	había tañido
tañíamos	habíamos tañido
tañíais	habíais tañido
tañían	habían tañido

Pret. perf. simple/indefinido	*Pretérito anterior*
tañí	hube tañido
tañiste	hubiste tañido
tañó	hubo tañido
tañimos	hubimos tañido
tañisteis	hubisteis tañido
tañeron	hubieron tañido

Futuro simple	*Futuro compuesto*
tañeré	habré tañido
tañerás	habrás tañido
tañerá	habrá tañido
tañeremos	habremos tañido
tañeréis	habréis tañido
tañerán	habrán tañido

Condicional simple	*Condicional compuesto*
tañería	habría tañido
tañerías	habrías tañido
tañería	habría tañido
tañeríamos	habríamos tañido
tañeríais	habríais tañido
tañerían	habrían tañido

SUBJUNTIVO

Presente	*Pretérito perfecto*
taña	haya tañido
tañas	hayas tañido
taña	haya tañido
tañamos	hayamos tañido
tañáis	hayáis tañido
tañan	hayan tañido

Pretérito imperfecto	Pretérito pluscuamperfecto
tañera/tañese	hubiera/hubiese tañido
tañeras/tañeses	hubieras/hubieses tañido
tañera/tañese	hubiera/hubiese tañido
tañéramos/tañésemos	hubiéramos/hubiésemos tañido
tañerais/tañeseis	hubierais/hubieseis tañido
tañeran/tañesen	hubieran/hubiesen tañido

Futuro simple	Futuro compuesto
tañere	hubiere tañido
tañeres	hubieres tañido
tañere	hubiere tañido
tañéremos	hubiéremos tañido
tañereis	hubiereis tañido
tañeren	hubieren tañido

Imperativo

tañe	tañed
taña	tañan

Formas no personales

Infinitivo: tañer
Infinitivo compuesto: haber tañido
Gerundio: tañendo
Gerundio compuesto: habiendo tañido
Participio: tañido

tapizar_ regular, se conjuga como 'abalizar'.
taquigrafiar_ se conjuga como 'aliar'.
tarascar_ regular, se conjuga como 'abanicar'.
tardecer_ irregular, se conjuga como 'compadecer'.
tatuar_ se conjuga como 'actuar'.
teatralizar_ regular, se conjuga como 'abalizar'.
tecnificar_ regular, se conjuga como 'abanicar'.
telegrafiar_ se conjuga como 'aliar'.
tematizar_ regular, se conjuga como 'abalizar'.
temblar_ irregular, se conjuga como 'calentar'.
temporizar_ regular, se conjuga como 'abalizar'.

•TENDER: irregular

INDICATIVO

Presente	*Pretérito perfecto compuesto*
tiendo	he tendido
tiendes	has tendido
tiende	ha tendido
tendemos	hemos tendido
tendéis	habéis tendido
tienden	han tendido

Pretérito imperfecto	*Pretérito pluscuamperfecto*
tendía	había tendido
tendías	habías tendido
tendía	había tendido
tendíamos	habíamos tendido
tendíais	habíais tendido
tendían	habían tendido

Pret. perf. simple/indefinido	*Pretérito anterior*
tendí	hube tendido
tendiste	hubiste tendido
tendió	hubo tendido
tendimos	hubimos tendido
tendisteis	hubisteis tendido
tendieron	hubieron tendido

Futuro simple	*Futuro compuesto*
tenderé	habré tendido
tenderás	habrás tendido
tenderemos	habrá tendido
tenderéis	habremos tendido
tenderán	habréis tendido

Condicional simple	*Condicional compuesto*
tendería	habría tendido
tenderías	habrías tendido
tendería	habría tendido
tenderíamos	habríamos tendido
tenderíais	habríais tendido
tenderían	habrían tendido

SUBJUNTIVO

Presente

tienda
tiendas
tienda
tendamos
tendáis
tiendan

Pretérito perfecto

haya tendido
hayas tendido
haya tendido
hayamos tendido
hayáis tendido
hayan tendido

Pretérito imperfecto

tendiera/tendiese
tendieras/tendieses
tendiera/tendiese
tendiéramos/tendiésemos
tendierais/tendieseis
tendieran/tendiesen

Pretérito pluscuamperfecto

hubiera/hubiese tendido
hubieras/hubieses tendido
hubiera/hubiese tendido
hubiéramos/hubiésemos tendido
hubierais/hubieseis tendido
hubieran/hubiesen tendido

Futuro simple

tendiere
tendieres
tendiere
tendiéremos
tendiereis
tendieren

Futuro compuesto

hubiere tendido
hubieres tendido
hubiere tendido
hubiéremos tendido
hubiereis tendido
hubieren tendido

Imperativo

tiende
tienda

tended
tiendan

Formas no personales

Infinitivo: tender
Infinitivo compuesto: haber tendido
Gerundio: tendiendo
Gerundio compuesto: habiendo tendido
Participio: tendido

•TENER: irregular

INDICATIVO

Presente	*Pretérito perfecto compuesto*
tengo	he tenido
tienes	has tenido
tiene	ha tenido
tenemos	hemos tenido
tenéis	habéis tenido
tienen	han tenido

Pretérito imperfecto	*Pretérito pluscuamperfecto*
tenía	había tenido
tenías	habías tenido
tenía	había tenido
teníamos	habíamos tenido
teníais	habíais tenido
tenían	habían tenido

Pret. perf. simple/indefinido	*Pretérito anterior*
tuve	hube tenido
tuviste	hubiste tenido
tuvo	hubo tenido
tuvimos	hubimos tenido
tuvisteis	hubisteis tenido
tuvieron	hubieron tenido

Futuro simple	*Futuro compuesto*
tendré	habré tenido
tendrás	habrás tenido
tendrá	habrá tenido
tendremos	habremos tenido
tendréis	habréis tenido
tendrá	habrán tenido

Condicional simple	*Condicional compuesto*
tendría	habría tenido
tendrías	habrías tenido
tendría	habría tenido
tendríamos	habríamos tenido

| tendríais | habríais tenido |
| tendrían | habrían tenido |

SUBJUNTIVO

Presente	**Pretérito perfecto**
tenga	haya tenido
tengas	hayas tenido
tenga	haya tenido
tengamos	hayamos tenido
tengáis	hayáis tenido
tengan	hayan tenido

Pretérito imperfecto	**Pretérito pluscuamperfecto**
tuviera/tuviese	hubiera/hubiese tenido
tuvieras/tuvieses	hubieras/hubieses tenido
tuviera/tuviese	hubiera/hubiese tenido
tuviéramos/tuviésemos	hubiéramos/hubiésemos tenido
tuvierais/tuvieseis	hubierais/hubieseis tenido
tuvieran/tuviesen	hubieran/hubiesen tenido

Futuro simple	**Futuro compuesto**
tuviere	hubiere tenido
tuvieres	hubieres tenido
tuviere	hubiere tenido
tuviéremos	hubiéremos tenido
tuviereis	hubiereis tenido
tuvieren	hubieren tenido

Imperativo

ten	tened
tenga	tengan

Formas no personales

Infinitivo: tener
Infinitivo compuesto: haber tenido
Gerundio: teniendo
Gerundio compuesto: habiendo tenido
Participio: tenido

tentar_ irregular, se conjuga como 'calentar'.
teñir_ irregular, se conjuga como 'reñir'.

teologizar_ regular, se conjuga como 'abalizar'.
teorizar_ regular, se conjuga como 'abalizar'.
testificar_ regular, se conjuga como 'abanicar'.
tipificar_ regular, se conjuga como 'abanicar'.
tiranizar_ regular, se conjuga como 'abalizar'.
titularizar_ regular, se conjuga como 'abalizar'.
titulizar_ regular, se conjuga como 'abalizar'.
tocar_ regular, se conjuga como 'abanicar'.
tonificar_ regular, se conjuga como 'abanicar'.
torcer_ irregular, se conjuga como 'cocer'.
tostar_ irregular, se conjuga como 'acordar'.
totalizar_ regular, se conjuga como 'abalizar'.
toxicar_ regular, se conjuga como 'abanicar'.
trabucar_ regular, se conjuga como 'abanicar'.
traducir_ irregular, se conjuga como 'conducir'.

•TRAER: irregular

INDICATIVO

Presente	Pretérito perfecto compuesto
traigo	he traído
traes	has traído
trae	ha traído
traemos	hemos traído
traéis	habéis traído
traen	han traído

Pretérito imperfecto	Pretérito pluscuamperfecto
traía	había traído
traías	habías traído
traía	había traído
traíamos	habíamos traído
traíais	habíais traído
traían	habían traído

Pret. perf. simple/indefinido	Pretérito anterior
traje	hube traído
trajiste	hubiste traído
trajo	hubo traído
trajimos	hubimos traído
trajisteis	hubisteis traído
trajeron	hubieron traído

Futuro simple	*Futuro compuesto*
traeré	habré traído
traerás	habrás traído
traerá	habrá traído
traeremos	habremos traído
traeréis	habréis traído
traerán	habrán traído

Condicional simple	*Condicional compuesto*
traería	habría traído
traerías	habrías traído
traería	habría traído
traeríamos	habríamos traído
traeríais	habríais traído
traerían	habrían traído

SUBJUNTIVO

Presente	*Pretérito perfecto*
traiga	haya traído
traigas	hayas traído
traiga	haya traído
traigamos	hayamos traído
traigáis	hayáis traído
traigan	hayan traído

Pretérito imperfecto	*Pretérito pluscuamperfecto*
trajera/trajese	hubiera/hubiese traído
trajeras/trajeses	hubieras/hubieses traído
trajera/trajese	hubiera/hubiese traído
trajéramos/trajésemos	hubiéramos/hubiésemos traído
trajerais/trajeseis	hubierais/hubieseis traído
trajeran/trajesen	hubieran/hubiesen traído

Futuro simple	*Futuro compuesto*
trajere	hubiere traído
trajeres	hubieres traído
trajere	hubiere traído
trajéremos	hubiéremos traído
trajereis	hubiereis traído
trajeren	hubieren traído

Imperativo

trae	traed
traiga	traigan

Formas no personales

Infinitivo: traer
Infinitivo compuesto: haber traído
Gerundio: trayendo
Gerundio compuesto: habiendo traído
Participio: traído

traficar_ regular, se conjuga como 'abanicar'.
trancar_ regular, se conjuga como 'abanicar'.
tranquilizar_ regular, se conjuga como 'abalizar'.
transcender_ irregular, se conjuga como 'tender'.
transcribir_ regular, participio irregular: transcrito.
transferir_ irregular, se conjuga como 'adherir'.
translucirse_ irregular, se conjuga como 'lucir'.
transponer_ irregular, se conjuga como 'poner'.
tranzar_ regular, se conjuga como 'abalizar'.
trascolar_ irregular, se conjuga como 'acordar'.
trascordarse_ irregular, se conjuga como 'acordar'.
trascribir_ regular, participio irregular: trascrito.
trasegar_ irregular, se conjuga como 'denegar'.
trasferir_ irregular, se conjuga como 'adherir'.
trasfregar_ irregular, se conjuga como 'denegar'.
traslucirse_ irregular, se conjuga como 'lucir'.
trasoír_ irregular, se conjuga como 'oír'.
trasparecer_ irregular, se conjuga como 'compadecer'.
trasponer_ irregular, se conjuga como 'poner'.
trastocar_ regular, se conjuga como 'abanicar'.
trasver_ irregular, se conjuga como 'ver'.
trasverter_ irregular, se conjuga como 'verter'.
trasvolar_ irregular, se conjuga como 'acordar'.
traumatizar_ regular, se conjuga como 'abalizar'.
trazar_ regular, se conjuga como 'abalizar'.
trenzar_ regular, se conjuga como 'abalizar'.
triar_ se conjuga como 'aliar'.
trincar_ regular, se conjuga como 'abanicar'.
triplicar_ regular, se conjuga como 'abanicar'.
triscar_ regular, se conjuga como 'abanicar'.

trivializar_ regular, se conjuga como 'abalizar'.
trizar_ regular, se conjuga como 'abalizar'.
trocar_ irregular, se conjuga como 'volcar'.
trompicar_ regular, se conjuga como 'abanicar'.
tronar_ irregular, se conjuga como 'acordar'. Verbo impersonal.
tronzar_ regular, se conjuga como 'abalizar'.
tropezar_ irregular, se conjuga como 'empezar'.
trucar_ regular, se conjuga como 'abanicar'.
tullir_ irregular, se conjuga como 'mullir'.

U

ubicar_ regular, se conjuga como 'abanicar'.
unificar_ regular, se conjuga como 'abanicar'.
uniformizar_ regular, se conjuga como 'abalizar'.
universalizar_ regular, se conjuga como 'abalizar'.
urbanizar_ regular, se conjuga como 'abalizar'.
usufructuar_ se conjuga como 'actuar'.
utilizar_ regular, se conjuga como 'abalizar'.

V

vacar_ regular, se conjuga como 'abanicar'.
vaciar_ se conjuga como 'aliar'.

•VALER: irregular

INDICATIVO

Presente	*Pretérito perfecto compuesto*
valgo	he valido
vales	has valido
vale	ha valido
valemos	hemos valido
valéis	habéis valido
valen	han valido

Pretérito imperfecto	*Pretérito pluscuamperfecto*
valía	había valido
valías	habías valido

233

valía	había valido
valíamos	habíamos valido
valíais	habíais valido
valían	habían valido

Pret. perf. simple/indefinido	*Pretérito anterior*
valí	hube valido
valiste	hubiste valido
valió	hubo valido
valimos	hubimos valido
valisteis	hubisteis valido
valieron	hubieron valido

Futuro simple	*Futuro compuesto*
valdré	habré valido
valdrás	habrás valido
valdrá	habrá valido
valdremos	habremos valido
valdréis	habréis valido
valdrán	habrán valido

Condicional simple	*Condicional compuesto*
valdría	habría valido
valdrías	habrías valido
valdría	habría valido
valdríamos	habríamos valido
valdríais	habríais valido
valdrían	habrían valido

SUBJUNTIVO

Presente	*Pretérito perfecto*
valga	haya valido
valgas	hayas valido
valga	haya valido
valgamos	hayamos valido
valgáis	hayáis valido
valgan	hayan valido

Pretérito perfecto	*Pretérito pluscuamperfecto*
valiera/valiese	hubiera/hubiese valido
valieras/valieses	hubieras/hubieses valido

valiera/valiese	hubiera/hubiese valido
valiéramos/valiésemos	hubiéramos/hubiésemos valido
valierais/valieseis	hubierais/hubieseis valido
valieran/valiesen	hubieran/hubiesen valido

Futuro simple	*Futuro compuesto*
valiere	hubiere valido
valieres	hubieres valido
valiere	hubiere valido
valiéremos	hubiéremos valido
valiereis	hubiereis valido
valieren	hubieren valido

Imperativo

vale	valed
valga	valgan

Formas no personales

Infinitivo: valer
Infinitivo compuesto: haber valido
Gerundio: valiendo
Gerundio compuesto: habiendo valido
Participio: valido

valorizar_ regular, se conjuga como 'abalizar'.
valuar_ se conjuga como 'actuar'.
vampirizar_ regular, se conjuga como 'abalizar'.
vaporizar_ regular, se conjuga como 'abalizar'.
variar_ se conjuga como 'aliar'.
velarizar_ regular, se conjuga como 'abalizar'.

•VENIR: irregular

INDICATIVO

Presente	*Pretérito perfecto compuesto*
vengo	he venido
vienes	has venido
viene	ha venido
venimos	hemos venido
venís	habéis venido
vienen	han venido

Pretérito imperfecto	*Pretérito pluscuamperfecto*
venía	había venido
venías	habías venido
venía	había venido
veníamos	habíamos venido
veníais	habíais venido
venían	habían venido

Pret. perf. simple/indefinido	*Pretérito anterior*
vine	hube venido
viniste	hubiste venido
vino	hubo venido
vinimos	hubimos venido
vinisteis	hubisteis venido
vinieron	hubieron venido

Futuro simple	*Futuro compuesto*
vendré	habré venido
vendrás	habrás venido
vendrá	habrá venido
vendremos	habremos venido
vendréis	habréis venido
vendrán	habrán venido

Condicional simple	*Condicional compuesto*
vendría	habría venido
vendrías	habrías venido
vendría	habría venido
vendríamos	habríamos venido
vendríais	habríais venido
vendrían	habrían venido

SUBJUNTIVO

Presente	*Pretérito perfecto*
venga	haya venido
vengas	hayas venido
venga	haya venido
vengamos	hayamos venido
vengáis	hayáis venido
vengan	hayan venido

Pretérito imperfecto

viniera/viniese
vinieras/vinieses
viniera/viniese
viniéramos/viniésemos
vinierais/vinieseis
vinieran/viniesen

Pretérito pluscuamperfecto

hubiera/hubiese venido
hubieras/hubieses venido
hubiera/hubiese venido
hubiéramos/hubiésemos venido
hubierais/hubieseis venido
hubieran/hubiesen venido

Futuro simple

viniere
vinieres
viniere
viniéremos
viniereis
vinieren

Futuro compuesto

hubiere venido
hubieres venido
hubiere venido
hubiéremos venido
hubiereis venido
hubieren venido

Imperativo

| ven | venid |
| venga | vengan |

Formas no personales

Infinitivo: venir
Infinitivo compuesto: haber venido
Gerundio: viniendo
Gerundio compuesto: habiendo venido
Participio: venido

ventar_ irregular, se conjuga como 'calentar'. Verbo impersonal.
ventiscar_ regular, se conjuga como 'abanicar'. Verbo impersonal.

•VER: irregular

INDICATIVO

Presente

veo
ves
ve
vemos
veis
ven

Pretérito perfecto compuesto

he visto
has visto
ha visto
hemos visto
habéis visto
han visto

Pretérito imperfecto	Pretérito pluscuamperfecto
veía	había visto
veías	habías visto
veía	había visto
veíamos	habíamos visto
veíais	habíais visto
veían	habían visto

Pret. perf. simple/indefinido	Pretérito anterior
vi	hube visto
viste	hubiste visto
vio	hubo visto
vimos	hubimos visto
visteis	hubisteis visto
vieron	hubieron visto

Futuro simple	Futuro compuesto
veré	habré visto
verás	habrás visto
verá	habrá visto
veremos	habremos visto
veréis	habréis visto
verán	habrán visto

Condicional simple	Condicional compuesto
vería	habría visto
verías	habrías visto
vería	habría visto
veríamos	habríamos visto
veríais	habríais visto
verían	habrían visto

SUBJUNTIVO

Presente	Pretérito perfecto
vea	haya visto
veas	hayas visto
vea	haya visto
veamos	hayamos visto
veáis	hayáis visto
vean	hayan visto

Pretérito imperfecto	Pretérito pluscuamperfecto
viera/viese	hubiera/hubiese visto
vieras/vieses	hubieras/hubieses visto
viera/viese	hubiera/hubiese visto
viéramos/viésemos	hubiéramos/hubiésemos visto
vierais/vieseis	hubierais/hubieseis visto
vieran/viesen	hubieran/hubiesen visto

Futuro simple	Futuro compuesto
viere	hubiere visto
vieres	hubieres visto
viere	hubiere visto
viéremos	hubiéremos visto
viereis	hubiereis visto
vieren	hubieren visto

Imperativo

ve	ved
vea	vean

Formas no personales

Infinitivo: ver
Infinitivo compuesto: haber visto
Gerundio: viendo
Gerundio compuesto: habiendo visto
Participio: visto

verbalizar_ regular, se conjuga como 'abalizar'.
verdecer_ irregular, se conjuga como 'compadecer'.
verificar_ regular, se conjuga como 'abanicar'.
versificar_ regular, se conjuga como 'abanicar'.

•VERTER: irregular

INDICATIVO

Presente	Pretérito perfecto compuesto
vierto	he vertido
viertes	has vertido
vierte	ha vertido
vertemos	hemos vertido
vertéis	habéis vertido
vierten	han vertido

Pretérito imperfecto	*Pretérito pluscuamperfecto*
vertía	había vertido
vertías	habías vertido
vertía	había vertido
vertíamos	habíamos vertido
vertíais	habíais vertido
vertían	habían vertido

Pret. perf. simple/indefinido	*Pretérito anterior*
vertí	hube vertido
vertiste	hubiste vertido
vertió	hubo vertido
vertimos	hubimos vertido
vertisteis	hubisteis vertido
vertieron	hubieron vertido

Futuro simple	*Futuro compuesto*
verteré	habré vertido
verterás	habrás vertido
verterá	habrá vertido
verteremos	habremos vertido
verteréis	habréis vertido
verterán	habrán vertido

Condicional simple	*Condicional compuesto*
vertería	habría vertido
vertería	habrías vertido
vertería	habría vertido
verteríamos	habríamos vertido
verteríais	habríais vertido
verterían	habrían vertido

SUBJUNTIVO

Presente	*Pretérito perfecto*
vierta	haya vertido
viertas	hayas vertido
vierta	haya vertido
vertamos	hayamos vertido
vertáis	hayáis vertido
viertan	hayan vertido

Pretérito imperfecto

vertiera/vertiese
vertieras/vertieses
vertiera/vertiese
vertiéramos/vertiésemos
vertierais/vertieseis
vertieran/vertiesen

Pretérito pluscuamperfecto

hubiera/hubiese vertido
hubieras/hubieses vertido
hubiera/hubiese vertido
hubiéramos/hubiésemos vertido
hubierais/hubieseis vertido
hubieran/hubiesen vertido

Futuro simple

vertiere
vertieres
vertiere
vertiéremos
vertiereis
vertieren

Futuro compuesto

hubiere vertido
hubieres vertido
hubiere vertido
hubiéremos vertido
hubiereis vertido
hubieren vertido

Imperativo

vierte
vierta

verted
viertan

Formas no personales

Infinitivo: verter
Infinitivo compuesto: haber vertido
Gerundio: virtiendo
Gerundio compuesto: habiendo vertido
Participio: vertido

vestir_ irregular, se conjuga como 'medir'.
victimizar_ regular, se conjuga como 'abalizar'.
vigiar_ se conjuga como 'aliar'.
vigorizar_ regular, se conjuga como 'abalizar'.
vindicar_ regular, se conjuga como 'abanicar'.
visibilizar_ regular, se conjuga como 'abalizar'.
visualizar_ regular, se conjuga como 'abalizar'.
vitalizar_ regular, se conjuga como 'abalizar'.
vitrificar_ regular, se conjuga como 'abanicar'.
vivificar_ regular, se conjuga como 'abanicar'.
vocalizar_ regular, se conjuga como 'abalizar'.
volar_ irregular, se conjuga como 'acordar'.

• VOLCAR: irregular

INDICATIVO

Presente	*Pretérito perfecto compuesto*
vuelco	he volcado
vuelcas	has volcado
vuelca	ha volcado
volcamos	hemos volcado
volcáis	habéis volcado
vuelcan	han volcado

Pretérito imperfecto	*Pretérito pluscuamperfecto*
volcaba	había volcado
volcabas	habías volcado
volcaba	había volcado
volcábamos	habíamos volcado
volcabais	habíais volcado
volcaban	habían volcado

Pret. perf. simple/infinitivo	*Pretérito anterior*
volqué	hube volcado
volcaste	hubiste volcado
volcó	hubo volcado
volcamos	hubimos volcado
volcasteis	hubisteis volcado
volcaron	hubieron volcado

Futuro simple	*Futuro compuesto*
volcaré	habré volcado
volcarás	habrás volcado
volcará	habrá volcado
volcaremos	habremos volcado
volcaréis	habréis volcado
volcarán	habrán volcado

Condicional simple	*Condicional compuesto*
volcaría	habría volcado
volcarías	habrías volcado
volcaría	habría volcado
volcaríamos	habríamos volcado

volcaríais   habríais volcado
volcarían   habrían volcado

SUBJUNTIVO

Presente	Pretérito perfecto
vuelque	haya volcado
vuelques	hayas volcado
vuelque	haya volcado
volquemos	hayamos volcado
volqueis	hayáis volcado
vuelquen	hayan volcado

Pretérito imperfecto	Pretérito pluscuamperfecto
volcara/volcase	hubiera/hubiese volcado
volcaras/volcases	hubieras/hubieses volcado
volcara/volcase	hubiera/hubiese volcado
volcáramos/volcásemos	hubiéramos/hubiésemos volcado
volcarais/volcaseis	hubierais/hubieseis volcado
volcaran/volcasen	hubieran/hubiesen volcado

Futuro simple	Futuro compuesto
volcare	hubiere volcado
volcares	hubieres volcado
volcare	hubiere volcado
volcáremos	hubiéremos volcado
volcareis	hubiereis volcado
volcaren	hubieren volcado

Imperativo

Infinitivo: volcar
Infinitivo compuesto: haber volcado
Gerundio: volcando
Gerundio compuesto: habiendo volcado
Participio: volcado

volatizar_ regular, se conjuga como 'abalizar'.
volver_ irregular, se conjuga como 'mover', participio: vuelto.
vulcanizar_ regular, se conjuga como 'abalizar'.
vulgarizar_ regular, se conjuga como 'abalizar'.

X

xerografiar_ se conjuga como 'aliar'.

Y

•YACER: irregular

INDICATIVO

Presente	*Pretérito perfecto compuesto*
yazco/yazgo/yago	he yacido
yaces	has yacido
yace	ha yacido
yacemos	hemos yacido
yacéis	habéis yacido
yacen	han yacido

Pretérito imperfecto	*Pretérito pluscuamperfecto*
yacía	había yacido
yacías	habías yacido
yacía	había yacido
yacíamos	habíamos yacido
yacíais	habíais yacido
yacían	habían yacido

Pret. perf. simple/indefinido	*Pretérito anterior*
yací	hube yacido
yaciste	hubiste yacido
yació	hubo yacido
yacimos	hubimos yacido
yacisteis	hubisteis yacido
yacieron	hubieron yacido

Futuro simple	*Futuro compuesto*
yaceré	habré yacido
yacerás	habrás yacido
yacerá	habrá yacido
yaceremos	habremos yacido
yaceréis	habréis yacido
yacerán	habrán yacido

Condicional simple	Condicional compuesto
yacería	habría yacido
yacerías	habrías yacido
yacería	habría yacido
yaceríamos	habríamos yacido
yaceríais	habríais yacido
yacerían	habrían yacido

SUBJUNTIVO

Presente	Pretérito perfecto
yazca/yazga/yaga	haya yacido
yazcas/yazgas/yagas	hayas yacido
yazca/yazga/yaga	haya yacido
yazcamos/yazgamos/yagamos	hayamos yacido
yazcáis/yazgáis/yagáis	hayáis yacido
yazcan/yazgan/yagan	hayan yacido

Pretérito imperfecto	Pretérito pluscuamperfecto
yaciera/yaciese	hubiera/hubiese yacido
yacieras/yacieses	hubieras/hubieses yacido
yaciera/yaciese	hubiera/hubiese yacido
yaciéramos/yaciésemos	hubiéramos/hubiésemos yacido
yacierais/yacieseis	hubierais/hubieseis yacido
yacieran/yaciesen	hubieran/hubiesen yacido

Imperativo

yace	yaced
yazca/yazga/yaga	yazcan/yazgan/yagan

Formas no personales

Infinitivo: yacer
Infinitivo compuesto: haber yacido
Gerundio: yaciendo
Gerundio compuesto: habiendo yacido
Participio: yacido

yuxtaponer_ irregular, se conjuga como 'poner'.

Z

zabullir_ irregular, se conjuga como 'mullir'.
zaherir_ irregular, se conjuga como 'adherir'.
zambullir_ irregular, se conjuga como 'mullir'.
zonificar_ regular, se conjuga como 'abanicar'.
zuñir_ irregular, se conjuga como 'mullir'.
zurriar_ se conjuga como 'aliar'.

Bibliografía

ALARCOS LLORACH, E.: *Gramática de la lengua española,* 6.ª reimpresión, Madrid, Espasa Calpe, 1995.

ALSINA, R.: *Todos los verbos castellanos conjugados,* 10.ª edición, Barcelona, Teide, 1980.

BLANCO HERNÁNDEZ, P.: *Verbos españoles,* Málaga, Arguval, 2002.

GÓMEZ TORREGO, L.: *Gramática didáctica del español,* 8.ª edición, Madrid, SM, 2002.

MARTÍNEZ DE SOUSA, J.: *Diccionario de usos y dudas del español actual,* 3.ª edición, Barcelona, Vox, 2001.

REAL ACADEMIA ESPAÑOLA: *Diccionario de lengua española,* 22.ª edición, Madrid, Espasa Calpe, 2001.

SECO, M.: *Gramática esencial del español,* Madrid, Espasa Calpe, 2002.

SECO, M.: *Diccionario de dudas y dificultades de la lengua española,* 3.ª edición, Madrid, Espasa Calpe, 2001.

VILLAR, C.: *Guía de verbos españoles,* Madrid, Espasa.